AUSTRAL JUVENIL

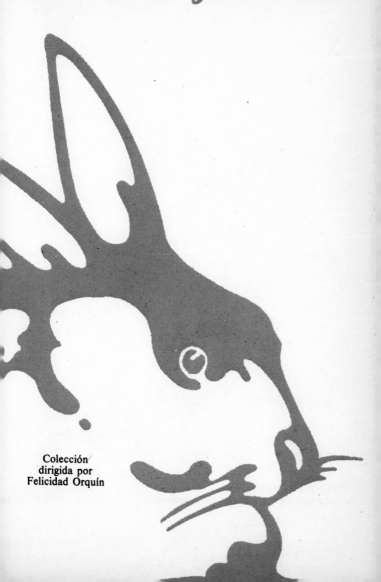

Colección
dirigida por
Felicidad Orquín

Título original:
Number the stars

Diseño colección:
Miguel Ángel Pacheco

LOIS LOWRY
¿QUIEN CUENTA LAS ESTRELLAS?

TRADUCCION DE JUAN LUQUE
ILUSTRACIONES DE JUAN CARLOS SANZ

ESPASA-CALPE, S.A. MADRID

Editor original: Houghton Mifflin Company, Boston
© Lois Lowry, 1989
© Ed. cast.: Espasa-Calpe, S. A., Madrid, 1990
Depósito legal: M. 5.422-1990
ISBN 84-239-7124-4

Impreso en España
Printed in Spain

Talleres gráficos de la Editorial Espasa-Calpe, S. A.
Carretera de Irún, km. 12,200. 28049 Madrid

Lois Lowry, la autora, vive en Boston, donde trabaja como periodista, fotógrafa y escritora.

Ha publicado más de quince libros para niños que le han hecho merecer, en EE.UU., elogios de la crítica y varios premios.

Austral Juvenil ha publicado tres libros protagonizados por Anastasia, una niña americana que enjuicia todo lo que le rodea y que con su simpatía ha conquistado a los lectores de distintos países: *Anastasia Krupnik* (AJ 79), *Anastasia de nuevo* (AJ 93) y *Anastasia tiene problemas* (AJ 118).

En esta novela la autora aborda un tema muy distinto: la solidaridad del pueblo danés con los judíos durante la ocupación nazi.

Juan Carlos Sanz, el ilustrador, nació en Madrid en 1957. Aprendió a dibujar algunas cosas con su padre, otras en la Escuela de Artes y Oficios y algunas más en la Facultad de Bellas Artes.

Compagina la ilustración con el diseño gráfico, y le interesa mucho todo lo relacionado con el color. Ha publicado un libro sobre las sensaciones que la contemplación de cada color sugiere.

En sus ratos libres, le gusta leer, ir al cine y observar la realidad, que luego refleja en sus detallados y realistas dibujos a lápiz.

A mi amiga
Annelise Platt
«Tusind tak»

1
¿Por qué corres?

—¡Vamos a correr hasta aquella esquina, Ellen! —Annemarie se ajustó en la espalda la resistente cartera de cuero para que los libros del colegio no se movieran—. ¿Preparada? —le preguntó a su mejor amiga.

Ellen hizo una mueca.

—No —le contestó, riéndose—. Sabes que no puedo ganarte. Tengo las piernas más cortas que tú. ¿No podemos ir andando como las personas civilizadas?

Ellen tenía diez años y era regordeta, a diferencia de Annemarie, que era larguirucha.

—Tenemos que estar en forma para la competición del viernes. Sé que esta semana ganaré la carrera de chicas. La semana pasada quedé segunda y no he dejado de entrenar ni un solo día. Vamos, Ellen —le rogó Annemarie, con la vista fija en la esquina de la calle—. ¡Por favor!

Ellen vaciló, después asintió y se apretó la cartera contra los hombros.

—Está bien, vamos —accedió.

—¡Ya! —grito Annemarie, y las dos chicas emprendieron la carrera por la acera. El cabello rubio de Annemarie flotaba al viento, mientras que a Ellen las oscuras trenzas le golpeaban los hombros.

—¡Esperadme! —gimió la pequeña Kirsti, que se había quedado atrás, pero las dos chicas mayores no le hicieron caso.

Annemarie aventajó pronto a su amiga, aunque se le desató el cordón del zapato cuando corría por Østerbrogade, frente a las pequeñas tiendas y cafés de aquel barrio residencial del nordeste de Copenhague. Riéndose, esquivó a una anciana vestida de negro que llevaba una cesta. Una joven que empujaba un cochecito se apartó a un lado para dejarla pasar. Estaba muy cerca de la meta.

Al llegar a la esquina jadeando, Annemarie alzó la vista. Dejó de reírse. Se le heló el corazón.

—¡*Halte!* —le ordenó el soldado con voz severa.

Aquella palabra alemana le resultaba tan familiar como terrible. Annemarie ya la había oído muchas veces «Alto», pero hasta ahora nadie la había pronunciado para dirigirse a ella.

A su espalda, Ellen también aminoró el paso y se detuvo. Kirsti caminaba a lo lejos arrastrando los pies y enfurruñada porque la habían dejado atrás.

Annemarie los miró. Eran dos. Es decir, dos cascos, dos pares de ojos de mirada penetrante y cuatro botas altas y bruñidas plantadas con firmeza sobre el pavimento para impedirle que siguiera su camino a casa.

Y también quería decir que cada uno de los soldados empuñaba un fusil. Primero miró los fusiles. Después contempló el rostro del soldado que le había ordenado detenerse.

—¿Por qué corres? —gritó.

Hablaba danés muy mal. «Ya llevan tres años en nuestro país y todavía no han aprendido nuestra lengua», pensó Annemarie, disgustada.

—Estaba disputando una carrera con mi amiga —le respondió con educación—. Todos los viernes celebramos competiciones deportivas en el colegio y quiero entrenarme bien para...

Se calló, dejando la frase sin terminar. «No hables tanto —se dijo—. Limítate a contestarle.»

Volvió la vista. Ellen estaba inmóvil en la acera a unos metros de ella. Más atrás, Kirsti aún parecía enfurruñada y se acercaba despacio a la esquina. Cerca, una mujer se detuvo en la entrada de una tienda y los observó en silencio.

Uno de los soldados, el más alto, se acercó a Annemarie. Ella advirtió que se trataba del que Ellen apodaba «la Jirafa» por su estatura y el largo cuello que salía de su uniforme acartonado. Él y su compañero andaban siempre por aquella esquina.

Tanteó la mochila con la culata del fusil. Annemarie tembló.

—¿Qué llevas ahí? —le preguntó en voz alta.

Annemarie vio por el rabillo del ojo que el tendero retrocedía a la sombra de la puerta de su tienda y desaparecía.

—Los libros del colegio —le respondió con franqueza.

—¿Eres buena estudiante? —le preguntó el soldado. Parecía burlarse de ella.

—Sí.

—¿Cómo te llamas?

—Annemarie Johansen.

—¿Y tu amiga? ¿También es buena estudiante? —alzó la vista por encima de Annemarie y miró a Ellen, que seguía inmóvil.

Annemarie también miró hacia atrás y vio que Ellen, normalmente de piel sonrosada, tenía la cara pálida y los ojos negros muy abiertos.

Asintió volviéndose al soldado.

—Mejor que yo —le aseguró.

—¿Cómo se llama?

—Ellen.

—¿Y quién es ésta? —preguntó mirando al lado de Annemarie. Kirsti había llegado junto a ellos y los contemplaba con expresión ceñuda.

—Mi hermana pequeña.

Annemarie alargó el brazo para coger a Kirsti de la mano, pero Kirsti, tozuda como siempre, la rechazó y se llevó las manos a la cintura en actitud desafiante.

El soldado se agachó y acarició el pelo corto y rizado de Kirsti. «Quieta, Kirsti», le rogó Annemarie en silencio, rezando para que su hermana de cinco años recibiera el mensaje de algún modo.

Pero Kirsti levantó el brazo y apartó de su cabeza la mano del soldado.

—¡No me toque! —exclamó.

Los soldados hablaron en alemán tan deprisa que Annemarie no los entendió.

—Es guapa, como mi hijita —comentó el soldado alto con una voz más agradable.

Annemarie esbozó una sonrisa de cortesía.

—Marchaos a casa. Id a estudiar vuestros libros. Y no corráis. El que corre es que ha hecho algo malo.

Los dos soldados se alejaron. Annemarie se apresuró a coger de la mano a su hermana Kirsti antes de que se resistiera. Tirando de ella, dobló la esquina. Ellen las alcanzó al instante. Caminaron apresuradamente hacia el edificio de pisos donde vivían.

Cuando se encontraban cerca de casa, Ellen susurró de repente:

—Me asusté mucho.

—Yo también —le respondió Annemarie con otro susurro.

Al doblar la última esquina antes de entrar en el edificio, las dos chicas no apartaron la vista de la puerta. Lo hicieron a propósito, para no fijarse en otros dos soldados que montaban guardia en aquel lugar. Al entrar, Kirsti se adelantó mientras les recordaba que había hecho un dibujo en el jardín de infancia y que se lo iba a enseñar a su madre. Para Kirsti, los soldados sencillamente formaban parte del paisaje, eran algo que siempre había estado allí, en cada esquina; eran tan normales como las farolas.

—¿Se lo vas a decir a tu madre? —le preguntó Ellen a Annemarie mientras subían la escalera despacio—. Yo no. Mi madre se enfadaría.

—No, yo tampoco. Seguramente, mi madre me regañaría por correr por la calle.

Se despidió de Ellen en el segundo piso, donde ésta vivía, y continuó hasta el tercero ensayando una forma alegre de saludar a su madre: una sonrisa y un comentario sobre el dictado del día, que no había hecho del todo mal.

Pero era demasiado tarde. Kirsti llegó antes.

—Golpeó la mochila de Annemarie con el fusil. ¡Y después me tiró del pelo! —informaba Kirsti mientras se quitaba el jersey en el centro de la sala—. Yo no me asusté. Annemarie y Ellen sí que se asustaron. ¡Pero yo no!

La señora Johansen se levantó al instante de uno de los sillones que había junto a la ventana. La señora Rosen, la madre de Ellen, también estaba allí, en el sillón opuesto. Tomaban café juntas, como hacían a menudo. Claro que no era café auténtico, aunque ellas seguían diciéndolo así: «Tomar café.» En Copenhague no había café auténtico desde el inicio de la ocupación nazi. Tampoco había té auténtico. Sus madres bebían agua aromatizada con hierbas.

—Annemarie, ¿qué ha ocurrido? ¿De qué habla Kirsti? —le preguntó su madre, inquieta.

—¿Dónde está Ellen? —preguntó la señora Rosen mirándola atemorizada.

—Ellen está en casa. No sabía que estuviese aquí —explicó Annemarie—. No os preocupéis. No ha pasado nada. Había dos soldados en la esquina de Østerbrogade... Ya los conocéis; ¿os acordáis de ese tan alto que tiene el cuello tan largo que parece una jirafa?

Relató a su madre y a la señora Rosen el incidente con los soldados, tratando de que pareciera una anécdota divertida y sin importancia. Pero no logró disimular su intranquilidad.

—Le di un tortazo en la mano y grité —aseguró Kirsti, ufana.

—No lo hizo, mamá —tranquilizó Annemarie a su madre—. Exagera, como siempre.

La señora Johansen se acercó a la ventana y miró a la calle. El barrio estaba tranquilo; su aspecto parecía el de siempre: la gente entraba y salía de las tiendas, los niños jugaban y los soldados montaban guardia en la esquina.

Se dirigió en voz baja a la madre de Ellen.

—Los últimos incidentes con la Resistencia no deben haberles sentado muy bien. ¿Has leído en el último número de *De Frie Danske* los bombardeos de Hillerrød y Nørrebro?

Aunque parecía ocupada en sacar sus libros de la mochila, Annemarie escuchaba y sabía a qué se refería su madre. *De Frie Danske (Los daneses libres)* era un periódico clandestino; Peter Nielsen les llevaba algún ejemplar de vez en cuando, cuidadosamente doblado y oculto entre libros y revistas normales, y la madre de Annemarie siempre los quemaba cuando los leía con su marido. Pero a veces, de noche, Annemarie oía comentar a sus padres las noticias que recibían por ese medio: noticias de sabotajes a los nazis, de bombas colocadas en fábricas de material bélico, de tendidos de ferrocarril destruidos para impedir el transporte de mercancías.

Y sabía lo que significaba la Resistencia. Su padre se lo explicó un día que ella oyó aquella palabra y le preguntó lo que quería decir. Los que luchaban en la Resistencia eran daneses —nadie sabía quiénes eran, porque lo hacían todo en secreto— y su misión era sabotear a los nazis cuanto pudieran. Destruían sus coches y camiones y ponían bombas en sus fábricas. Eran muy valientes. Algunas veces los alemanes los hacían prisioneros y los mataban.

—Tengo que ir a hablar con Ellen —resolvió la señora Rosen, dirigiéndose a la puerta—. Mañana debéis ir al colegio por un camino distinto. Prométemelo, Annemarie. Ellen también me lo prometerá.

—Se lo prometo, señora Rosen. Pero, ¿qué más da? Hay soldados alemanes en todas las esquinas.

—Recordarán vuestras caras —dijo la señora Rosen al volverse en la puerta del recibidor—. Es importante pasar siempre desapercibida. Ser una de tantas. Hay que procurar que no tengan motivos para recordar tu cara.

Cruzó el vestíbulo y cerró la puerta al salir.

—De mi cara sí que se acordarán, mamá —anunció Kirsti satisfecha—, porque el soldado dijo que me parecía a su hijita. Dijo que tenía una hija muy guapa.

—Si tiene una hija tan guapa, ¿por qué no regresa con ella? —murmuró la señora Johansen acariciando la mejilla de Kirsti—. ¿Por qué no vuelve a su país?

—Mamá, ¿qué hay de comer? —preguntó Annemarie para tratar de que su madre dejara de pensar en los soldados.

—Coge un trozo de pan. Y dale otro a tu hermana.

—¿Con mantequilla? —preguntó Kirsti ilusionada.

—No hay mantequilla —le respondió su madre—. Lo sabes de sobra.

Kirsti se lamentó mientras Annemarie iba a la cocina.

—¡Me gustaría comer un pastel! —exclamó—. Un pastel grande, con crema amarilla y recubierto de azúcar rosa.

Su madre se rió.

—Hace tiempo que no hay harina ni azúcar para hacer pasteles, Kirsti. Un año, por lo menos.

—¿Cuándo habrá pasteles otra vez?

—Cuando acabe la guerra —le contestó la señora Johansen. Miró por la ventana a la esquina de la calle donde montaban guardia los soldados de rostros impasibles y cascos metálicos—. Cuando se marchen los soldados.

2
¿Quién es ese hombre?

—Cuéntame un cuento, Annemarie —le rogó Kirsti a su hermana al acomodarse junto a ella en la ancha cama que compartían—. Cuéntame un cuento de hadas.

Annemarie sonrió y abrazó su hermana en la oscuridad. Los niños daneses conocían muchos cuentos de hadas. Hans Christian Andersen, el más famoso de los autores de cuentos, era danés.

—¿Quieres que te cuente el de la sirena? —aquél era el preferido de Kirsti.

Pero Kirsti dijo que no.

—Cuéntame el que empieza con un rey y una reina que tienen una hija muy guapa.

—Vale. Érase una vez un rey... —comenzó Annemarie.

—Y una reina —susurró Kirsti—. No te olvides de la reina.

—Y una reina. Vivían en un palacio maravilloso y...

—¿No se llamaba el palacio Amalienborg? —preguntó Kirsti, soñolienta.

—Ssss. Deja de interrumpirme o no acabaré el cuento nunca. No, no era Amalienborg. Era un palacio imaginario.

Annemarie se inventó la historia de un rey y una reina, y de su preciosa hija, la princesa Kirsten; adornó el cuento con bailes de gala, fabulosos trajes bordados en oro y banquetes de pasteles recubiertos de azúcar rosa, hasta que la respiración pausada y profunda de su hermana le indicó que se había quedado dormida.

Se calló y esperó un momento a que Kirsti le preguntara: «¿Qué pasó entonces?» Pero Kirsti permaneció callada. Annemarie se puso a pensar en el rey verdadero, Christian X, y en el palacio verdadero, Amalienborg, donde éste vivía, en el centro de Copenhague.

¡Cómo estimaba el pueblo de Dinamarca al rey Christian! No se parecía a los reyes de los cuentos de hadas, que daban órdenes a sus siervos, se sentaban en tronos dorados exigiendo que los entretuvieran y buscaban el marido ideal a sus hijas. El rey Christian era un ser humano auténtico, un hombre de rostro grave y bondadoso. Ella lo había visto a menudo cuando era pequeña. Todas las mañanas, el rey salía de palacio a lomos de su caballo, *Jubilee,* y cabalgaba por las calles de Copenhague saludando a su pueblo. A veces, cuando Annemarie era pequeña, su hermana mayor, Lise, la llevaba a esperar en una esquina el paso del rey Christian. De vez en cuando, el rey les devolvía el saludo y sonreía. «A partir de ahora eres una persona muy especial, porque te ha saludado un rey», le dijo Lise en una ocasión.

Annemarie volvió la cabeza sobre la almohada y contempló la noche oscura de septiembre por el resquicio de las cortinas. Cuando pensaba en Lise, su querida hermana, siempre tan solemne, se entristecía.

Por eso volvió a pensar en el rey, quien, al contrario que Lise, aún vivía. Recordó una historia que su padre le contó una noche, poco después de que Dinamarca se rindiera y los soldados comenzaran a montar guardia en las esquinas:

Mientras su padre paseaba cerca de la oficina y esperaba en un esquina para cruzar la calle, vio al rey Christian dando su paseo matutino. Un soldado alemán se volvió de repente hacia un joven y le preguntó: «¿Quién es ese hombre que pasea a caballo todas las mañanas?» Su padre sonrió entonces, porque le hizo gracia que el soldado no lo supiera. Oyó que el chico le respondía: «Es nuestro rey. El rey de Dinamarca.» «¿Dónde está su escolta?», le preguntó el soldado.

—¿Y sabes lo que le contestó el joven? —le dijo su padre. Annemarie estaba sentada en sus rodillas. Entonces era pequeña, sólo tenía siete años. Negó con la cabeza en espera de la respuesta—. El chico afrontó la mirada del soldado y le dijo: «Toda Dinamarca es su escolta.»

Annemarie se estremeció. Le pareció una respuesta muy valiente.

—¿Es verdad lo que dijo el chico, papá? —le preguntó.

Su padre meditó un instante. Siempre meditaba las preguntas antes de responder.

—Sí —afirmó al fin—. Es verdad. Cualquier ciudadano de Dinamarca daría su vida por proteger al rey Christian.

—¿Tú también, papá?

—Sí.

—¿Y mamá?

—Mamá también.

Annemarie volvió a estremecerse.

—Entonces yo también, papá. Si fuera necesario.

Permanecieron en silencio un momento. Su madre los contemplaba desde otro rincón de la sala. Aquella noche, tres años antes, su madre hacía ganchillo: el encaje de una funda de almohada para el ajuar de Lise. Movía los dedos con rapidez y convertía el delgado hilo blanco en un bordado fino e intrincado. Lise tenía entonces dieciocho años y estaba a punto de casarse con Peter Neilsen. Cuando Lise y Peter se casaran, decía su madre, Annemarie y Kirsti tendrían un hermano.

—Papá —dijo al fin Annemarie, rompiendo el silencio—, ¿por qué no pudo protegernos el rey? ¿Por qué no luchó contra los nazis para evitar que vinieran a Dinamarca con sus armas?

Su padre suspiró.

—Somos una nación muy pequeña —le explicó—. Y ellos un enemigo muy poderoso. Nuestro rey fue inteligente. Sabía que Dinamarca tenía muy pocos soldados. Sabía que morirían muchos daneses.

—En Noruega les hicieron frente —señaló Annemarie.

Su padre asintió.

—Los noruegos pelearon con valentía. Allí hay montañas muy altas, y los soldados se escondieron en ellas. A pesar de todo, los aplastaron.

Annemarie recordó el mapa de Noruega que había en el colegio. En el mapa del colegio, Noruega era de color rosa y estaba sobre Dinamarca. Imaginó la franja rosa de Noruega aplastada por un puño.

—¿También hay soldados alemanes en Noruega, como aquí?

—Sí —le respondió su padre.

—En los Países Bajos también —añadió su madre desde el otro rincón de la sala—. Y en Bélgica y Francia.

—¡Pero no en Suecia! —exclamó Annemarie, orgullosa de saber tanto del mundo.

Suecia era azul en el mapa del colegio, y además ella había visto Suecia, aunque nunca hubiese estado allí. Desde la casa de tío Henrik, al norte de Copenhague, se veía tierra al otro lado del mar, la zona del mar del Norte que llamaban Kattegat. «Aquello que se ve es Suecia. Estás viendo otro país», le había dicho tío Henrik en una ocasión.

—Es cierto —le dijo su padre—. Suecia sigue siendo libre.

Y ahora, tres años después, seguía siendo cierto. Pero muchas cosas habían cambiado. El rey Christian envejecía, y el año anterior resultó herido de gravedad al caerse de su caballo, el viejo y leal *Jubilee,* con el que paseó por Copenhague tantas mañanas. Durante días, toda Dinamarca se entristeció pensando que moriría.

Pero no murió. El rey Christian X salió adelante.

Fue Lise quien murió. Fue su hermana Lise, esbelta y guapa, quien falleció en un accidente dos semanas antes de su boda. En el baúl de madera tallada y forrado de tela azul que había en un rincón del dormitorio —Annemarie podía ver su silueta en la oscuridad— estaban guardadas las fundas de almohada del ajuar de Lise, con los encajes bordados, el traje de novia con el cuello bordado a mano, y el traje amarillo con el que bailó, los volantes al aire, el día que se celebró su compromiso con Peter.

Los padres de Annemarie nunca hablaban de Lise. Jamás abrían el baúl. Pero Annemarie lo hacía a veces, cuando se quedaba sola en el apartamento; sola, acariciaba las cosas de Lise y recordaba a aquella hermana, bondadosa y dulce, que estuvo a punto de casarse y tener hijos.

Peter, el novio de su hermana, no se casó con nadie cuando Lise murió. Cambió mucho. Para Annemarie y Kirsti, había sido como un hermano mayor, alegre y juerguista, siempre dispuesto a bromear, autor de incontables travesuras e insensateces. Aún iba con frecuencia al apartamento y saludaba a las niñas con sonrisas y muestras de afecto, pero solía tener prisa y hablaba apresuradamente con los padres de Annemarie de cosas que ella no entendía. Dejó de cantar las canciones disparatadas que antaño hicieron retorcerse de risa a Annemarie y a Kirsti. Nunca se quedaba mucho tiempo con ellos.

El padre de Annemarie también cambió. Parecía derrotado, mucho más viejo y cansado.

Todo el mundo había cambiado. Sólo permanecían inmutables los cuentos de hadas.

—Y vivieron felices y comieron perdices —Annemarie susurró en la oscuridad el final del cuento.

Su hermana dormía junto a ella con el pulgar en la boca.

3
¿Dónde está la señora Hirsch?

Los días de septiembre transcurrían uno tras otro, siempre igual. Annemarie y Ellen iban al colegio juntas, y también volvían juntas a casa, aunque ahora lo hacían por un camino más largo para no toparse con el soldado alto y su compañero. Kirsti arrastraba los pies tras ellas o trotaba delante, sin alejarse demasiado.

Por la tarde, sus madres seguían tomando «café» juntas. Cuando los días fueron acortándose y las primeras hojas cayeron de los árboles, les hicieron una bufanda, porque se acercaba otro invierno. Todos recordaban el último. No quedaba combustible para las casas en Copenhague, y en las noches de invierno hacía un frío insoportable.

Como tantas otras familias del mismo edificio, los Johansen abrieron la antigua chimenea e instalaron una pequeña estufa con la que calentarse cuando pudieran encontrar carbón. En ocasiones, su madre también lo utilizaba para cocinar, porque había cortes de electricidad. Por la noche se alumbraban con velas. A veces, el padre de Ellen, que era maestro, se quejaba porque no veía con aquella luz para corregir los exámenes de sus alumnos.

—Pronto habrá que poner otra manta en la cama —dijo la señora Johansen a Annemarie una mañana cuando arreglaban el dormitorio.

—Kirsti y yo tenemos suerte de dormir juntas y poder darnos calor una a otra en invierno —dijo Annemarie—. ¡Pobre Ellen, que no tiene hermanas!

—Cuando haga frío se meterá en la cama con sus padres —comentó su madre, sonriendo.

—Recuerdo cuando Kirsti dormía con papá y contigo. Tenía que quedarse en su cuna, pero a medianoche se metía en la cama con vosotros —dijo Annemarie, recomponiendo las almohadas.

Entonces vaciló y observó a su madre, pues pensaba que quizá había dicho algo malo, algo que llevaría una expresión de tristeza a su rostro. La época en que Kirsti dormía con sus padres era la misma en que Lise y Annemarie compartieron aquella cama.

Pero su madre se rió de buena gana.

—Yo también me acuerdo —aseguró—. ¡A veces se hacía pis en la cama a medianoche!

—¡No! —protestó Kirsti con arrogancia desde la puerta—. ¡No lo hice nunca!

Su madre, aún riéndose, se arrodilló y besó a Kirsti en la mejilla.

—Es hora de ir al colegio, chicas —dijo. Comenzó a abotonarle la chaqueta a Kirsti—. Vaya —gruñó de repente—. Mira. Este botón se ha partido por la mitad. Annemarie, después del colegio ve con Kirsti a la tienda de la señora Hirsch. A ver si compráis un botón como los de la chaqueta. Te daré algunas coronas, no costará mucho.

Pero después del colegio, cuando fueron con Ellen a la tienda, que Annemarie siempre recordaba abierta, la encontraron cerrada. En la puerta había un candado nuevo y un letrero. Pero el letrero estaba escrito en alemán. No entendieron lo que decía.

—¿Estará enferma la señora Hirsch? —se preguntó Annemarie al alejarse.

—La vi el sábado —dijo Ellen—. Iba con su marido y sus hijos. Parecían estar bien. Los padres, al menos, porque los hijos son un espanto —soltó una carcajada.

Annemarie hizo una mueca. Los señores Hirsch vivían en el barrio, por lo que ellas veían con frecuencia a su hijo Samuel. Era un joven alto que usaba unas gafas con cristales gruesos y tenía los hombros caídos y el cabello revuelto. Iba al colegio en bicicleta, inclinado sobre el manillar, con los ojos entrecerrados y la nariz arrugada para que no se le cayeran las gafas. La bicicleta tenía ruedas de madera, porque era imposible conseguir ruedas de caucho, y crujía y traqueteaba por las calles.

—Se habrán ido de vacaciones a la playa —opinó Kirsti.

—Lo más seguro es que se hayan llevado una cesta llena de pasteles —se burló Annemarie de su hermana.

—Sí, supongo que sí —replicó Kirsti.

Annemarie y Ellen intercambiaron una mirada que significaba: «¡Kirsti es una boba!» Ningún habitante de Copenhague había ido de vacaciones a la playa desde que comenzó la guerra. Hacía meses que no había pasteles.

«En ese caso —pensó Annemarie, echando un último vistazo a la tienda antes de doblar la esquina—, ¿dónde estará la señora Hirsch? La familia Hirsch se ha marchado a algún sitio. ¿Por qué otro motivo cerrarían la tienda?»

Su madre se inquietó al conocer la noticia.

—¿Estás segura? —le preguntó repetidas veces.

—Encontraremos otro botón por ahí —le aseguró Annemarie—. O podemos descoser uno de los de abajo y coserlo más arriba. No se notará mucho.

Pero no parecía ser la chaqueta lo que preocupaba a su madre.

—¿Estás segura de que el letrero estaba escrito en alemán? —le preguntó—. Es posible que no te fijaras bien.

—Mamá, el cartel tenía un cruz gamada.

Su madre se volvió con una mirada de desconcierto.

—Annemarie, cuida de tu hermana un rato. Y ponte a pelar las patatas para la cena. Volveré pronto.

—¿Dónde vas? —preguntó Annemarie al dirigirse su madre a la puerta.

—Quiero hablar con la señora Rosen.

Confundida, Annemarie vio a su madre salir de la casa. Fue a la cocina y abrió la puerta de la alacena donde guardaban las patatas. Todas las noches cenaban patatas. Y muy poco más.

Annemarie estaba casi dormida cuando dieron unos golpecitos en la puerta del dormitorio. Al abrirse la puerta vio a su madre entrar con una vela.

—¿Estás dormida, Annemarie?

—No. ¿Por qué? ¿Ocurre algo?

—Nada malo. Levántate y ven a la sala. Ha venido Peter. Papá y yo queremos decirte algo.

Annemarie saltó de la cama, y Kirsti murmuró algo en sueños. ¡Peter! No le veía desde hacía mucho tiempo. Le causaba cierta inquietud que estuviera allí aquella noche. Copenhague se encontraba bajo el toque de queda y ningún ciudadano podía salir a la calle después de las ocho. Ella sabía que era muy peligroso que Peter estuviera allí. Aunque sus visitas eran siempre apresuradas —por algún motivo que Annemarie no comprendía bien parecían casi secretas—, era una alegría ver a Peter. Le traía recuerdos de tiempos más felices. Y sus padres también querían a Peter. Decían que era como un hijo.

Descalza, corrió por la casa hasta llegar a los brazos de Peter, quien sonrió, la besó y le revolvió el largo cabello.

—Has crecido desde la última vez que te vi —le dijo—. ¡Eres toda piernas!

Annemarie se rió.

—El viernes gané la carrera de chicas en el colegio —le dijo, ufana—. ¿Dónde has estado? ¡Te hemos echado de menos!

—Tengo que viajar mucho, por el trabajo —le explicó Peter—. Mira, te he traído una cosa. A Kirsti también —se buscó en el bolsillo y sacó dos conchas marinas.

Annemarie dejó la más pequeña en la mesa para su hermana. Cogió la otra, la puso bajo la luz y observó la superficie jaspeada y pulida. Era muy propio de Peter, siempre daba con el mejor regalo.

—A mamá y papá les he traído algo más práctico. ¡Dos botellas de cerveza!

Los padres de Annemarie sonrieron y alzaron los vasos. Su padre bebió un trago y se limpió la espuma del labio superior. Después se puso serio.

—Annemarie —le dijo—, Peter nos ha comentado que los alemanes han dado orden de cerrar muchas tiendas de judíos.

—¿Judíos? —repitió Annemarie—. ¿La señora Hirsch es judía? ¿Por eso cerraron la mercería? ¿Por qué lo han hecho?

Peter se adelantó.

—Es su forma de atormentarlos. Están empeñados en perseguir a los judíos. Ha ocurrido en otros países. Allí llevan tiempo haciéndolo. Nos han dado un respiro, pero al parecer ahora empiezan aquí.

—Pero, ¿por qué la mercería? ¿Qué hay de malo en una mercería? La señora Hirsch es una mujer encantadora. Incluso Samuel... Aunque sea tonto, jamás haría daño a nadie. ¿Cómo podría...? ¡Pero si casi no ve con esas gafas que tiene! —a Annemarie se le ocurrió algo más—. Si no pueden vender botones, ¿de qué van a comer?

—Sus amigos se ocuparán de ellos —le dijo su madre en tono tranquilizador—. Para eso están los amigos.

Annemarie asintió. Su madre tenía razón, claro. Los amigos y vecinos irían a casa de la familia Hirsch y les llevarían pescado, patatas, pan y hierbas para hacer té. Quizá hasta Peter les llevaría una cerveza. Estarían bien hasta que les permitiesen abrir la tienda de nuevo.

De repente, Annemarie se sobresaltó y los miró con cara de asombro.

—¡Mamá! —exclamó—. ¡Papá! ¡Los Rosen también son judíos!

Sus padres asintieron con rostros serios y apesadumbrados.

—Esta tarde, cuando me contaste lo de la mercería, hablé con Sophy Rosen —le explicó su madre—. Sabe lo que ocurre, pero no cree que les pase nada.

Annemarie meditó y lo comprendió. Se tranquilizó.

—El señor Rosen no tiene ninguna tienda. Es maestro. ¡No pueden cerrar toda una escuela! —dirigió a Peter una mirada interrogadora—. ¿Verdad?

—Creo que a los Rosen no les pasará nada —la tranquilizó—. Pero cuida de tu amiga Ellen. Y no os acerquéis a los soldados. Tu madre me ha contado lo que os ocurrió en Østerbrogade.

Annemarie se estremeció. Casi había olvidado el incidente.

—No ocurrió nada. Creo que sólo estaban aburridos y querían charlar con alguien —se volvió a su padre—. Papá, ¿te acuerdas cuando oíste lo que el chico le decía al soldado, que toda Dinamarca sería la escolta del rey?

Su padre sonrió.

—Nunca lo olvidaré —contestó.

—Bueno —dijo Annemarie—, pues ahora creo que toda Dinamarca debe hacer de escolta de los judíos.

—Así será —le respondió su padre.

Peter se puso en pie.

—Tengo que irme —anunció—. Y tú, Patilarga, ya es hora de que te vayas a la cama —volvió a abrazar a Annemarie.

Más tarde, cuando estaba en la cama junto al cuerpo cálido de su hermana, Annemarie recordó que su padre, tres años antes, le dijo que él protegería al rey. Y que su madre también lo haría. Y Annemarie, con siete años, anunció orgullosa que ella también le protegería.

Ahora tenía diez años y era alta, y ya no soñaba con pasteles recubiertos de azúcar rosa. Ahora, ella y todos los daneses serían la escolta de Ellen, y de los padres de Ellen, y de todos los judíos daneses.

¿Moriría ella por protegerlos? ¿Seguro? En aquel momento, a oscuras, Annemarie tuvo la honestidad de reconocer que no lo sabía con certeza.

Por un momento sintió miedo. Pero se subió la sábana hasta el cuello y se tranquilizó. Al fin y al cabo, todo era imaginario, nada era real. Sólo en los cuentos de hadas las personas tenían que ser valientes y dar la vida por los demás. Aquello no ocurría en la Dinamarca verdadera. Sí, los soldados estaban allí; era cierto. Y los valientes líderes de la Resistencia, que a veces perdían la vida; también era cierto.

¿Y la gente normal como los Rosen y los Johansen? Annemarie tuvo que admitir, revolviéndose intranquila en el silencio de la oscuridad, que tenía suerte de ser una persona normal, a quien nunca se le pediría que tuviese valor.

4
Una noche muy larga

Ellen y Annemarie estaban tumbadas en el suelo de la sala jugando con muñecas de papel. Se habían quedado solas mientras la madre de Annemarie hacía las compras con Kirsti. Recortaron las muñecas de las revistas de la madre de Annemarie. Las damas de papel tenían peinados y trajes anticuados, y las chicas las llamaban como los personajes del libro favorito de la madre de Annemarie. La madre de Annemarie les había contado la historia de *Lo que el viento se llevó*, y a ellas les pareció mucho más interesante y romántica que los cuentos de hadas que le gustaban a Kirsti.

—Vamos, Melaine —decía Annemarie, paseando su muñeca por el borde de la alfombra—. Vistámonos para el baile.

—Está bien, Scarlett, ya voy —respondió Ellen con una voz estudiada.

Tenía talento para ser actriz; a menudo encarnaba a los personajes principales en las obras que representaban en la clase de teatro. Los juegos de imaginación eran siempre divertidos en compañía de Ellen.

La puerta se abrió y Kirsti entró ofuscada, con los ojos empapados de lágrimas. Su madre la siguió con una expresión irritada y dejó un paquete sobre la mesa.

—¡Qué no! —aulló Kirsti—. ¡No me los pondré nunca, aunque me encierres y me castigues!

Annemarie sonrió y dirigió a su madre una mirada interrogadora. La señora Johansen suspiró.

—Le he comprado a Kirsti unos zapatos nuevos —explicó—. Los suyos se le han quedado pequeños.

—¡Pero Kirsti! —exclamó Ellen—. Si yo estoy deseando que mi madre me compre unos zapatos nuevos. Me encanta todo lo nuevo, y hoy día hay pocas cosas nuevas en las tiendas.

—¡Pero son de una pescadería! —chilló Kirsti—. ¡Las demás madres no obligan a sus hijas a ponerse unos zapatos de pescado!

—Kirsti —le dijo su madre con voz apaciguadora—, sabes bien que no era una pescadería. ¡Si fue una suerte encontrar unos zapatos nuevos!

Kirsti se sorbió la nariz.

—Enséñaselos —continuó su madre—. Anda, enséñales a Annemarie y a Ellen lo feos que son.

Su madre abrió el paquete y sacó un par de zapatos de niña. Los mostró, y Kirsti apartó la mirada con disgusto.

—Sabes que no hay cuero —le explicó su madre—. Y unos hombres han encontrado el modo de hacer zapatos con pieles de pescado. A mí no me parecen tan feos.

Annemarie y Ellen contemplaron los zapatos de piel de pescado. Annemarie cogió uno y lo examinó. Era extraño; se le veían las escamas. Pero, al fin y al cabo, era un zapato, y a su hermana le hacían falta unos.

—No están tan mal, Kirsti —dijo, mintiendo un poco.

Ellen le daba vueltas al otro en la mano.

—¿Sabes?, lo único que me parece feo es el color.

—¡Son verdes! —gimió Kirsti—. ¡Nunca jamás me pondré unos zapatos verdes!

—Mi padre tiene en casa un tintero de tinta negra —dijo Ellen—. ¿Te gustarían más si fueran negros?

Kirsti frunció el ceño.

—A lo mejor —dijo finalmente.

—Pues entonces esta noche, si tu madre quiere, me llevaré los zapatos a casa para que mi padre los tiña de negro con la tinta.

La señora Johansen se rió.

—Creo que mejorarían bastante. ¿Qué te parece, Kirsti?

Kirsti vaciló.

—¿Brillarán? —preguntó—. Quiero que brillen.

Ellen asintió.

—Creo que sí. Van a quedar muy bonitos, negros y brillantes.

Kirsti asintió.

—Bueno —accedió—. Pero no le digas a nadie que son de pescado. No quiero que lo sepa nadie —cogió los zapatos nuevos con un gesto de desprecio y los dejó en una silla. Después miró con interés las muñecas de papel—. ¿Puedo jugar yo también? —preguntó—. ¿Puedo coger una muñeca? —y se sentó en el suelo entre Annemarie y Ellen.

«¡Qué pesada es Kirsti a veces! —pensó Annemarie—. Siempre está entrometiéndose.» Pero el piso era pequeño. Kirsti no podía jugar en otra parte. Y si le decían que se marchara, su madre se enojaría.

—Toma —Annemarie le dio una muñeca recortada a su hermana—. Estamos jugando a *Lo que el viento se llevó*. Melaine y Scarlett van a un baile. Tú serás Bonnie. Bonnie es la hija de Scarlett.

Kirsti hizo dar saltos de alegría a su muñeca.

—¡Voy a un baile! —proclamó con una vocecilla afectada.

Ellen se rió.

—No podemos llevar a una niña pequeña a un baile. Vamos a ir a otro lado. ¡Vamos a Tivoli!

—¡A Tivoli! —Annemarie comenzó a reírse—. ¡Tivoli está en Copenhague! *¡Lo que el viento se llevó* ocurre en América!

—¡A Tivoli, a Tivoli, a Tivoli! —cantaba la pequeña Kirsti, haciendo danzar a su muñeca en círculos.

—Da igual, sólo es un juego —señaló Ellen—. Tivoli puede estar allí, junto a aquella silla. Vamos, Scarlett —dijo con su voz de muñeca—. Iremos a Tivoli a bailar y a ver los fuegos artificiales. ¡Quizá hasta encontremos algún hombre apuesto! Tráete a tu hija Bonnie para que se divierta en el tiovivo.

Annemarie sonrió y llevó a su muñeca Scarlett hacia la silla donde Ellen había situado Tivoli. Tivoli estaba en el centro de Copenhague, y a Kirsti le encantaba ir allí; sus padres la habían llevado a menudo, cuando era más pequeña. Recordaba la música y las luces de colores, el tiovivo y los helados y, en particular, las luminosas sesiones de fuegos artificiales: las enormes explosiones de color y los destellos en el cielo nocturno.

—De lo que más me acuerdo es de los fuegos artificiales —le comentó a Ellen.

—Yo también los recuerdo —intervino Kirsti.

—Tonta —se burló Annemarie—. Nunca has visto fuegos artificiales —el parque de atracciones Tivoli estaba cerrado. Las fuerzas de ocupación alemanas lo habían incendiado, quizá para castigar a los alegres daneses por sus diversiones sencillas.

Kirsti se irguió.

—Sí que los he visto —espetó, agresiva—. Fue el día de mi cumpleaños. Me desperté por la noche y oí las explosiones. Y se veían luces en el cielo. ¡Mamá me dijo que eran fuegos artificiales para celebrar mi cumpleaños!

Annemarie lo recordó entonces. El cumpleaños de Kirsti era a finales de agosto. Y aquella noche, tan solo un mes antes, también a ella la despertaron y asustaron las explosiones. Kirsti tenía razón: al Sudeste, el cielo estaba iluminado, y su madre la tranquilizó diciéndole que lo hacían para celebrar su cumpleaños. «¡Mira que fuegos artificiales tan grandes para una niña tan pequeña!», le dijo, sentándose en la cama y apartando la cortina para que viera el cielo iluminado.

Al día siguiente, el periódico de la tarde les informó de la triste verdad. Los daneses habían destruido su propia flota. Volaron las naves una a una cuando los alemanes se acercaban a requisarlas.

«¡Qué triste debe estar el rey!», oyó Annemarie que su madre le decía a su padre cuando leyeron la noticia.

«¡Qué orgulloso!», respondió su padre.

Annemarie también había sentido tristeza y orgullo al imaginarse al rey, alto y viejo, contemplar, quizá con los ojos enturbiados por las lágrimas, los restos de su pequeña flota en el fondo del puerto.

—Ya no tengo más ganas de jugar, Ellen —dijo de repente, dejando la muñeca de papel en el suelo.

—De todos modos es hora de que me vaya —dijo Ellen—. Tengo que ayudar a mi madre a limpiar la casa. El jueves celebramos nuestro Año Nuevo, ¿no lo sabías?

—¿Por qué es vuestro? —preguntó Kirsti—. ¿No es el nuestro también?

—No. Es el Año Nuevo de los judíos. Sólo lo celebramos nosotros. Pero si tú quieres, Kirsti, puedes venir a casa esa noche a ver cómo mi madre enciende las velas del candelabro.

Muchos viernes, la señora Rosen invitaba a Annemarie y a Kirsti a que vieran cómo encendían las velas del candelabro de siete brazos. Se cubría la cabeza con un velo y rezaba una oración en hebreo. Annemarie permanecía inmóvil y observaba boquiabierta; incluso Kirsti, que era una charlatana, siempre se quedaba callada en aquel momento. No sabían lo que significaban las palabras, pero sentían que era un momento muy especial para los Rosen.

—Sí —aceptó Kirsti, feliz—. Iré a ver cómo tu madre enciende las velas, y me pondré mis zapatos negros nuevos.

Pero aquella vez sería diferente. El jueves, cuando iba al colegio con su hermana por la mañana temprano, Annemarie vio a los Rosen dirigirse a la sinagoga vestidos con sus mejores ropas. Saludó a Ellen, quien le devolvió el saludo agitando la mano.

—¡Qué suerte tiene Ellen! —le dijo Annemarie a Kirsti—. Hoy no tiene que ir al colegio.

—Pero tendrá que quedarse muy, muy quieta, como nosotros en la iglesia —le recordó Kirsti—. Eso no es nada divertido.

Aquella tarde, la señora Rosen fue a casa de Annemarie. Llamó a la puerta, pero no entró. Se quedó en el vestíbulo hablando con voz tensa y precipitada con la madre de Annemarie. Cuando su madre regresó, tenía una expresión consternada, pero su voz era alegre.

—Chicas —les dijo—, os voy a dar una sorpresa estupenda. ¡Ellen vendrá esta noche a casa y se quedará con nosotros unos días! Hace mucho que no tenemos invitados.

Kirsti aplaudió encantada.

—Pero, mamá —objetó Annemarie, preocupada—, es su Año Nuevo. ¡Iban a celebrarlo! Ellen me dijo que su madre se las había arreglado para conseguir un pollo por ahí y que iban a asarlo... ¡El primer pollo asado en más de un año!

—Han cambiado de planes —le respondió su madre en tono enérgico—. Los Rosen tienen que ir a visitar a un pariente, así que Ellen se quedará con nosotros. Venga, que tenemos mucho que hacer. Vamos a poner sábanas limpias en vuestra cama. Kirsti, tú dormirás con papá y mamá esta noche, y dejaremos que ellas dos duerman juntas.

Kirsti puso mala cara e hizo ademán de protestar.

—Mamá te contará un cuento especial esta noche —le dijo su madre—. Uno para ti sola.

—¿De un rey? —preguntó Kirsti, indecisa.

—De un rey, si tú quieres —respondió su madre.

—Vale —accedió Kirsti—. Pero también tiene que haber una reina.

Aunque la señora Rosen envió el pollo a los Johansen, y la señora Johansen preparó una cena estupenda, suficiente para que repitieran todos, no fue una noche de risas y charla. Ellen estuvo callada toda la cena. Parecía asustada. Los señores Johansen intentaron hablar de cosas divertidas, pero era evidente que estaban preocupados, y Annemarie también se preocupó. Sólo Kirsti parecía no advertir el ambiente tenso. Balanceando los pies enfundados en sus nuevos zapatos negros y brillantes, parloteó y rió durante toda la cena.

—Ya es hora de que nos vayamos a la cama, pequeña —anunció su madre cuando terminaron de lavar los platos—. Necesitamos tiempo, recuerda que te he prometido contarte una historia larga de un rey y una reina —y desapareció con Kirsti en el dormitorio.

—¿Qué ocurre? —preguntó Annemarie en cuanto ella y Ellen se quedaron a solas con su padre—. Ocurre algo. ¿Qué es?

Su padre tenía una expresión preocupada.

—Ojalá no tuviera que decirte nada de esto —dijo pausadamente—. Ellen, tú ya lo sabes. Ahora debemos decírselo a Annemarie —se volvió a Annemarie y le acarició el cabello—. Esta mañana, en la sinagoga, el rabino les dijo a los fieles que los nazis se habían llevado de allí el registro con todos los nombres y domicilios de los judíos. Como es natural, los Rosen estaban en esa lista, al igual que los demás.

—¿Por qué? ¿Para qué quieren saber los nombres?

—Piensan arrestar a todos los judíos daneses. Quieren llevárselos lejos. Y nos han dicho que pueden venir esta noche.

—¡No entiendo! ¿Llevárselos adónde?

Su padre agitó la cabeza.

—No sabemos dónde, ni en realidad sabemos por qué. Lo llaman «reasentamiento». Ni siquiera sabemos lo que eso significa. Sólo sabemos que está mal, que es peligroso y que debemos ayudar.

Annemarie estaba asombrada. Miró a Ellen y vio que su amiga lloraba en silencio.

—¿Dónde están los padres de Ellen? ¡También debemos ayudarles a ellos!

—No podíamos alojar a los tres. Si los alemanes vinieran a registrar el piso descubrirían la presencia de los Rosen. Podemos ocultar a una persona, no a tres. Peter ha ayudado a los padres de Ellen a esconderse en otro lugar. No sabemos dónde. Ellen tampoco lo sabe. Pero se encuentran a salvo.

Ellen gimió en voz alta y se llevó las manos a

la cara. El señor Johansen le pasó el brazo por los hombros.

—Están a salvo, Ellen. Te lo prometo. Los verás muy pronto. ¿No confías en mí?

Ellen vaciló, asintió y se enjugó las lágrimas con la mano.

—Pero, papá —dijo Annemarie, mirando a su alrededor y contemplando el pequeño piso con sus escasos muebles: el sólido y mullido sofá, la mesa y las sillas, la pequeña librería en una pared—. Has dicho que la esconderemos. ¿Cómo vamos a hacerlo? ¿Dónde puede esconderse?

Su padre sonrió.

—Esa parte es fácil. Será como dijo tu madre: vosotras dos dormiréis juntas, así podréis divertiros y contaros vuestros secretos. Y si viene alguien...

Ellen le interrumpió.

—¿Quién puede venir? ¿Soldados como los que hay por las esquinas?

Annemarie recordó lo que se asustó Ellen el día que el soldado le habló.

—No creo que venga nadie. Pero no nos vendrá mal estar preparados. Si viniera alguien, aunque fuesen soldados, vosotras dos seréis hermanas. Pasáis mucho tiempo juntas, os será fácil haceros pasar por hermanas —se levantó y fue a la ventana. Apartó el visillo y miró a la calle. Fuera empezaba a oscurecer. Pronto tendrían que correr las cortinas gruesas que todos los daneses tenían en las ventanas; la ciudad debía estar completamente a oscuras por la noche. Todo lo que se oía era un pájaro que piaba en un árbol cercano. Era la última noche de septiembre—. Venga, poneos el camisón. Será una noche muy larga.

Annemarie y Ellen se pusieron en pie. De repente, el señor Johansen se acercó a ellas y las abrazó. Las besó en la cabeza: la de Annemarie, rubia, que le llegaba a los hombros, y la de Ellen, de cabello oscuro recogido como siempre en dos trenzas.

—No tengáis miedo —les dijo en voz baja—. Antes tenía tres hijas. Esta noche me siento orgulloso de volver a tenerlas.

5
¿Quién es la del pelo castaño?

—¿De verdad crees que vendrá alguien? —preguntó Ellen nerviosa, volviéndose a Annemarie en el dormitorio—. Tu padre dice que no.

—Claro que no. Los alemanes son unos bocazas. Sólo se divierten asustando a la gente —Annemarie descolgó el camisón de una percha del armario.

—Si viene alguien, al menos tendré oportunidad de interpretar un papel. Fingiría que soy Lise. Aunque debería ser más alta —Ellen se puso de puntillas para parecer más alta. Se rió en un tono más relajado.

—El año pasado interpretaste muy bien tu papel de Hada Malvada en la representación del colegio —le aseguró Annemarie—. Cuando seas mayor, deberías ser actriz.

—Mi padre quiere que sea maestra. Quiere que todo el mundo sea maestro como él. Quizá pueda convencerle para que me deje ir a una escuela de arte dramático —Ellen volvió a ponerse de puntillas e hizo un ademán imperioso con el brazo—. Soy el Hada Malvada —entonó con dramatismo—. ¡He venido a adueñarme de la noche!

—¡Deberías ensayar a decir: «Soy Lise Johansen»! —le aconsejó Annemarie sonriendo—. Si le dijeras a los nazis que eres el Hada Malvada, te llevarían a un manicomio.

Ellen abandonó su pose de actriz y se sentó sobre la cama con las piernas cruzadas.

—¿De verdad crees que no vendrán? —le preguntó de nuevo.

Annemarie agitó la cabeza.

—Te lo aseguro —dijo buscando el cepillo.

Antes de acostarse, las chicas hablaron un rato en voz baja. En realidad, no era necesario hablar en voz baja; al fin y al cabo, se suponía que eran hermanas, y el padre de Annemarie les había dicho que podían reír y charlar. La puerta del dormitorio estaba cerrada.

Pero, de algún modo, esa noche parecía distinta a las demás. Por eso hablaban en voz muy baja.

—¿Cómo murió tu hermana, Annemarie? —le preguntó Ellen de improviso—. Recuerdo cuándo ocurrió. Y recuerdo el funeral... Ha sido la única vez que he entrado en una iglesia luterana. Pero nunca supe qué le sucedió.

—Yo tampoco lo sé exactamente —confesó Annemarie—. Ella y Peter fueron a algún sitio, después alguien llamó por teléfono y dijo que habían sufrido un accidente. Mamá y papá corrieron al hospital... ¿Recuerdas que tu madre vino a quedarse con Kirsti y conmigo? Kirsti ya se había dormido y no se enteró de nada, porque entonces era muy pequeña. Pero yo me quedé despierta, y estaba en la sala con tu madre cuando mis padres volvieron a casa a medianoche y me dijeron que Lise había muerto.

—Recuerdo que llovía —dijo Ellen tristemente—. Seguía lloviendo cuando mi madre me lo dijo por la mañana. Mi madre lloraba, y me pareció que la lluvia era como el llanto del mundo.

Annemarie terminó de cepillarse el cabello y

le entregó el cepillo a su mejor amiga. Ellen se deshizo las trenzas, se apartó el cabello rizado de la cadena que llevaba al cuello, la cadena de la que colgaba la estrella de David, y comenzó a cepillarse.

—Creo que, en parte, la lluvia tuvo la culpa. Dijeron que la atropelló un coche. Supongo que las calles estaban escurridizas, estaba oscureciendo y quizá el conductor no la vio —Annemarie continuó recordando—. Mi padre parecía enfadado. Cerraba la mano en un puño y golpeaba contra la otra. Recuerdo cómo sonaba: plaf, plaf, plaf.

Se metieron juntas en la cama y se arroparon con las mantas. Annemarie apagó la vela de un soplo y apartó las cortinas para que entrase aire por la ventana abierta junto a la cama.

—¿Ves ese baúl azul en el rincón? —le preguntó a Ellen, señalando la oscuridad—. Las cosas de Lise están guardadas ahí. Mis padres no han vuelto a sacarlas desde que las guardaron.

Ellen suspiró.

—Habría estado guapísima con el traje de novia. Tenía una sonrisa muy bonita. A veces yo imaginaba que era mi hermana.

—A ella le habría gustado —le dijo Annemarie—. Te quería mucho.

—Eso es lo peor del mundo —susurró Ellen—. Morir tan joven. No me gustaría que los alemanes se llevaran a mi familia, que nos hicieran vivir en otro lugar. Con todo, no sería tan malo como morir.

Annemarie se acercó a ella y la abrazó.

—No te llevarán a ningún sitio —le dijo—. Ni a tus padres tampoco. Mi padre te prometió que estarían a salvo, y siempre cumple sus promesas. Y tú estás a salvo con nosotros.

Durante un rato continuaron murmurando en la oscuridad, pero los murmullos acabaron siendo interrumpidos por los bostezos. Por último, Ellen se calló y se dio la vuelta, y un minuto después su respiración se hizo más acompasada.

Annemarie miró por la ventana; recortada sobre el fondo del cielo, una rama se mecía suavemente. Todo le parecía familiar, incluso acogedor. Los peligros no eran más que extrañas fantasías como las historias de fantasmas que se inventaban los chicos para asustarse unos a otros: cosas que no podían ocurrir. Annemarie se sentía totalmente segura en su casa: sus padres se encontraban en la habitación contigua, ella dormía junto a su mejor amiga. Bostezó satisfecha y cerró los ojos.

Fue horas después, pero aún de noche, cuando la despertaron bruscamente los golpes en puerta de la casa.

Annemarie abrió la puerta del dormitorio con cuidado, sólo una rendija, y atisbó por ella. Ellen se sentó en la cama con los ojos muy abiertos.

Vio a sus padres en pijama moviéndose de un lado a otro. Su madre trató de encender una vela pero, mientras Annemarie miraba, se acercó a una lámpara y la encendió. Hacía tanto tiempo que no se atrevían a utilizar la electricidad, tan estrictamente racionada, que a Annemarie le sorprendió la luz que entró por el resquicio de la puerta. Vio que su madre dirigía una mirada rutinaria a las cortinas para asegurarse que estaban bien cerradas.

Su padre abrió la puerta a los soldados.

—¿Es esta la casa de los Johansen? —preguntó una voz grave y potente con un marcado acento extranjero.

—Nuestro nombre está en la puerta, y veo que lleva una linterna —respondió su padre—. ¿Qué desea? ¿Ocurre algo?

—Señora Johansen, tengo entendido que son ustedes amigos de sus vecinos, los Rosen —dijo el soldado con irritación.

—Sí, Sophy Rosen es mi amiga, es cierto —admitió su madre en voz baja—. Por favor, ¿le importaría no hablar tan alto? Mis hijas están durmiendo.

—¿Entonces será tan amable de decirme dónde están los Rosen? —no se molestó en bajar la voz.

—Supongo que estarán en casa, durmiendo. Son las cuatro de la mañana —le respondió su madre.

Annemarie oyó al soldado atravesar la sala en dirección a la cocina. Desde su escondite tras la rendija de la puerta, vio al corpulento hombre uniformado, pistola al cinto, mirando al interior de la cocina desde la puerta.

—El piso de los Rosen está vacío —dijo otra voz alemana—. Nos preguntábamos si no estarían visitando a sus amigos los Johansen.

—Bien —dijo el señor Johansen, desplazándose ligeramente para situarse delante de la puerta del dormitorio de Annemarie, por lo que ella no pudo ver otra cosa que la sombra oscura de su espalda—, como ve, se equivoca. Aquí sólo está mi familia.

—No tendrá inconveniente en que echemos un vistazo —la voz era severa, y no era una pregunta.

—Me parece que no tenemos elección —le contestó el señor Johansen.

—Por favor, no despierten a mis hijas —les volvió a rogar la señora Johansen—. No hay por qué asustarlas.

Las fuertes pisadas de las botas volvieron a cruzar la sala hacia la otra habitación. Abrieron una puerta y la cerraron de golpe.

Annemarie se alejó de la puerta de puntillas. Se dirigió a ciegas a la cama.

—Ellen —susurró, apremiante—, ¡quítate el collar!

Ellen se llevó las manos al cuello. Intentó desesperadamente desabrocharse el collar. Al otro lado de la puerta, continuaban las voces bruscas y el ruido de las pisadas.

—¡No puedo desabrochármelo! —exclamó Ellen, asustada—. ¡No podré quitármelo...! ¡No recuerdo cómo se desabrocha!

Annemarie oyó una voz al otro lado de la puerta.

—¿Qué hay ahí?

—Ssss —respondió la señora Johansen—. Es el dormitorio de mis hijas. Están dormidas.

—No grites —le ordenó Annemarie a Ellen—. Te dolerá —agarró la fina cadena de oro, tiró con todas sus fuerzas y la rompió. Al abrirse la puerta e inundarse el dormitorio de luz, se guardó la cadena en la mano y la cerró con fuerza.

Aterrorizadas, las chicas contemplaron a los tres soldados nazis que entraron en la habitación.

Uno de los hombres paseó la luz de la linterna por la estancia. Se acercó al armario y miró en el interior. Con un movimiento brusco descolgo varios abrigos y una bata y los dejó caer al suelo.

En el dormitorio sólo había una cómoda, el baúl azul en el rincón y unas cuantas muñecas de Kirsti amontonadas en una pequeña mecedora. El soldado se volvió hacia la cama irritado.

—¡Arriba! —ordenó—. Salid aquí.

Temblando, las dos chicas se levantaron y, al salir a la sala, pasaron rozando a los otros dos soldados.

Annemarie miró a su alrededor. Aquellos tres hombres uniformados eran distintos a los que había por las calles. Los soldados de las calles solían ser jóvenes y, a veces, despreocupados, y Annemarie recordó que el que apodaban «Jirafa» abandonó por un momento su actitud rígida y sonrió a Kirsti.

Pero aquellos tres hombres eran mayores y sus rostros mostraban odio.

Sus padres estaban de pie uno junto al otro, con rostros expectantes, pero Annemarie no vio a Kirsti por ninguna parte. Si la hubiesen despertado, lloraría, o peor aún: se enfadaría y patalearía.

—¿Cómo os llamáis? —rugió el soldado.

—Annemarie Johansen. Y esta es mi hermana...

—¡Cállate! Que hable ella. ¿Cómo te llamas? —clavó la vista en Ellen.

Ellen tragó saliva.

—Lise —dijo. Se aclaró la garganta—. Lise Johansen.

—Oiga —intervino la señora Johansen con firmeza—, ya ha visto que no ocultamos nada. ¿Pueden irse las chicas a la cama?

El soldado no le prestó atención. De repente, le cogió un mechón de pelo a Ellen. Ellen hizo una mueca de dolor.

El soldado se rió con desdén.

—Tiene una hija rubia durmiendo en la otra habitación. Y tiene esta hija rubia... —señaló

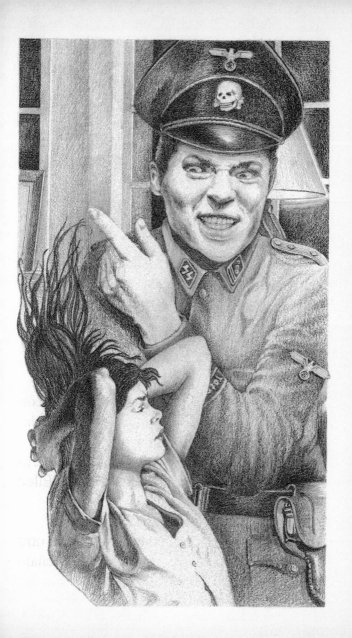

la cabeza de Annemarie—. ¿De dónde sacó a esta otra con el pelo castaño? —retorció el mechón de Ellen—. ¿De otro hombre? ¿Del lechero?

El señor Johansen se adelantó.

—No le hable a mi mujer de ese modo. Suelte a mi hija o informaré de su conducta.

—¿O quizá la sacó de algún otro lugar? —continuó el soldado con sarcasmo—. ¿De casa de los Rosen?

Por un momento nadie habló. Entonces Annemarie, invadida por el pánico, vio a su padre dirigirse precipitadamente a la pequeña librería y coger un libro. Annemarie reconoció el álbum de fotos familiar. Su padre pasó las páginas con rapidez, halló lo que buscaba y arrancó tres fotografías de tres lugares diferentes.

Se las mostró al soldado alemán, quien soltó el mechón de Ellen.

—Son mis tres hijas, con el nombre respectivo escrito en cada fotografía —dijo el señor Johansen.

Annemarie supo de inmediato qué fotografías eran. En el álbum guardaban muchas fotografías, fotografías borrosas de celebraciones en el colegio y de fiestas de cumpleaños. Pero también había tres fotografías que un fotógrafo les hizo a las chicas cuando eran pequeñas. La señora Johansen había escrito con su cuidada caligrafía el nombre de cada una en el borde inferior de las fotografías.

También comprendió por qué su padre las había arrancado del álbum para mostrárselas al soldado. En la parte inferior de cada página estaba escrita, además, la fecha de nacimiento de cada una. Y la verdadera de Lise Johansen había nacido veintiún años antes.

—Kirsten Elisabeth —leyó el soldado mirando la fotografía antes de dejarla caer al suelo—. Annemarie —le echó un vistazo a la segunda fotografía y la tiró—. Lise Margrete —leyó por último. Fijó la vista en Ellen durante un momento interminable. Annemarie evocó la fotografía que el soldado tenía en las manos: un bebé de ojos redondos en su cuna, con la cabeza hundida en la almohada, un chupete en la mano diminuta y los pies desnudos visibles bajo el vestido de encaje. El pelo rizado. Castaño.

El soldado rompió las fotografías en dos y dejó caer los trozos en el suelo. Después se volvió girando los tacones de las botas lustrosas sobre las fotografías y salió del apartamen-

to. Sin decir una palabra, los otros dos soldados le siguieron. El señor Johansen marchó
tras ellos y cerró la puerta.

Annemarie abrió el puño derecho en el que
aún escondía el collar de Ellen. Bajó la vista y
vio la estrella de David grabada en la palma de
la mano.

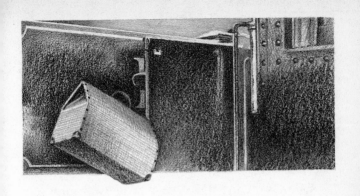

6
¿Hace buen tiempo para pescar?

—Debemos hacer algo —dijo el señor Johansen—. Ahora sospechan de nosotros. Aunque esperaba que no vinieran, creí que si lo hacían se limitarían a echar un vistazo, comprobar que no escondíamos a nadie y marcharse.

—Lamento tener el pelo castaño —musitó Ellen—. Eso les hizo sospechar.

La señora Johansen se acercó a Ellen apresuradamente y le cogió la mano.

—Tienes un pelo precioso, Ellen, igual que el de tu madre —la consoló—. No tienes por qué lamentarlo. Tuvimos suerte de que papá pensara tan rápido y encontrara las fotografías. Tuvimos suerte de que Lise tuviese el pelo castaño cuando era pequeña. Después se le puso rubio, cuando cumplió dos años, más o menos.

—¡Antes de que eso ocurriera, se quedó calva una temporada! —añadió el señor Johansen.

Ellen y Annemarie se rieron tímidamente. Por un momento olvidaron el miedo.

Annemarie advirtió de repente que aquella era la primera vez que sus padres hablaban de Lise. La primera vez en tres años.

Fuera, el cielo comenzaba a iluminarse. La señora Johansen fue a la cocina y se puso a hacer té.

—Nunca me he despertado tan temprano —comentó Annemarie—. ¡Ellen y yo nos quedaremos dormidas en el colegio!

Su padre se acarició la mejilla un momento con un gesto pensativo.

—Creo que no debemos correr el riesgo de dejaros ir al colegio hoy —dijo—. Es posible que busquen a los niños judíos en los colegios.

—¿Que no vayamos al colegio? —preguntó Ellen, sorprendida—. Mis padres siempre dicen que la educación es lo más importante y que, ocurra lo que ocurra, debo tener una formación.

—Sólo serán unas vacaciones, Ellen. Ahora lo más importante para ti es la seguridad. Estoy convencido de que tus padres opinarían como yo. ¿Inge? —el señor Johansen llamó a su esposa, que apareció en la puerta de la cocina con una taza en la mano y una expresión interrogadora.

—¿Sí?

—Debemos llevar a las chicas a casa de Henrik. Recuerda lo que nos dijo Peter. Creo que ha llegado el momento de ir a casa de tu hermano.

La señora Johansen asintió.

—Me parece que tienes razón. Pero las llevaré yo. Tú debes quedarte aquí.

—¿Quedarme aquí y dejarte marchar sola? De ninguna manera. No te permitiría hacer sola un viaje tan peligroso.

La señora Johansen cogió a su marido del brazo.

—Si voy yo sola con las chicas será más seguro. No sospecharán de una madre y sus hijas. ¿Y si nos vigilan y nos ven marcharnos a todos? ¿Y si se enteran de que no hay nadie en la casa y que tú no has ido a trabajar? Lo averiguarán todo. Correremos peligro. No me asusta ir sola.

Era muy raro que la señora Johansen contradijera a su marido. Annemarie observó a su padre y supo que se esforzaba en tomar una decisión. Al fin asintió a regañadientes.

—Empaquetaré algunas cosas —dijo la señora Johansen—. ¿Qué hora es?

El señor Johansen miró su reloj.

—Casi las cinco.

—Henrik todavía estará allí. Se marcha sobre las cinco. ¿Por qué no le llamas?

El señor Johansen se dirigió al teléfono. Ellen parecía desconcertada.

—¿Quién es Henrik? ¿Adónde va a las cinco de la madrugada? —preguntó.

Annemarie se rió.

—Es mi tío: el hermano de mi madre. Es pescador. Los pescadores van a trabajar muy temprano, salen a la mar al amanecer. ¡Oh, Ellen! —exclamó—. Te encantará ir allí. Es donde vivían mis abuelos, donde crecieron mi madre y tío Henrik. Es precioso... Está junto al mar. ¡Desde la orilla se ve Suecia!

Oyó a su padre hablar por teléfono con tío Henrik y decirle que Inge iría a visitarle con las niñas. Ellen entró en el cuarto de baño y cerró la puerta; la señora Johansen seguía en la cocina. De modo que sólo escuchaba Annemarie.

Era una conservación sorprendente.

—¿Qué hay, Henrik, hace buen tiempo para pescar? —su padre escuchó brevemente y después prosiguió—: Hoy te mandaré a Inge con las niñas y te llevarán un paquete de cigarrillos. Sí, sólo uno —dijo tras un momento. Annemarie no pudo oír lo que decía tío Henrik—. Claro que, si se sabe dónde buscar, siempre se pueden encontrar montones de cajetillas de tabaco en Copenhague —prosiguió—, así que es posible que te mande más.

Aquello no era cierto. Annemarie estaba segura de que no era cierto. Su padre echaba mucho de menos los cigarrillos, igual que su madre echaba de menos el café. A menudo, el día anterior sin ir más lejos, se quejaba de que no hubiese tabaco en las tiendas. Decía con cara de asco que los hombres de la oficina fumaban cualquier cosa, a veces hasta liaban unas hierbas secas que olían fatal.

¿Por qué hablaba su padre de aquel modo, como en clave? ¿Qué le llevaba su madre realmente a tío Henrik?

Entonces lo supo. Era Ellen.

El viaje en tren por la costa danesa fue entretenido. El mar aparecía una y otra vez al otro lado de la ventanilla. Cuando vivían sus abuelos, Annemarie había recorrido aquel trayecto a menudo para visitarlos, y después, cuando murieron, para visitar al solterón, alegre y curtido tío Henrik, a quien tanto quería.

Pero el viaje era nuevo para Ellen, que iba con la cara pegada a la ventanilla, contemplando las pintorescas aldeas de la costa, las pequeñas granjas y los pueblos.

—¡Mira! —exclamó Annemarie, señalando al lado contrario—. ¡Es Klampenborg y el Parque de los Ciervos! ¡Ojalá pudiéramos detenernos un rato!

Su madre negó con la cabeza.

—Hoy no —dijo. El tren se detuvo en la pequeña estación de Klampenborg, pero no se apeó ningún viajero—. ¿Has estado allí alguna vez, Ellen? —le preguntó la señora Johansen. Ellen dijo que no—. Bueno, pues algún día irás. Algún día pasearás por el parque y verás centenares de ciervos en libertad.

Kirsti se puso de rodillas en el asiento y miró por la ventanilla.

—¡No veo ningún ciervo! —protestó.

—Pues están ahí —le aseguró su madre—. Se esconden tras los árboles.

El tren se puso en marcha de nuevo. La puerta del vagón se abrió y aparecieron dos soldados alemanes. Annemarie se alarmó. «¿Es que también están aquí?» Estaban en todos sitios.

Los soldados recorrieron el pasillo juntos, deteniéndose aquí y allá para hacer alguna pregunta a los viajeros. Uno de ellos tenía algo entre los dientes; lo tocaba con la lengua y se le desfiguraba el rostro. Annemarie los observó con cierta fascinación aterrorizada mientras se acercaban.

Uno de los soldados las miró con expresión aburrida.

—¿Adónde van? —preguntó.

—A Gilleleje —contestó la señora Johansen tranquilamente—. Mi hermano vive allí. Vamos a visitarlo.

El soldado les dio la espalda, y Annemarie se relajó. Después, sin previo aviso, se volvió.

—¿Van a pasar el Año Nuevo con su hermano? —preguntó de repente.

La señora Johansen lo miró sorprendida.

—¿El Año Nuevo? —preguntó—. ¡Pero si estamos en octubre!

—¿Sabe una cosa? —exclamó Kirsti de repente en voz alta, mirando al soldado.

Annemarie sintió que se le paraba el corazón, miró a su madre y vio el temor en sus ojos.

—Ssss —la amonestó su madre—. No charles tanto.

Pero Kirsti, como de costumbre, no le hizo caso. Miró alegremente al soldado, y Annemarie supo lo que estaba a punto de decir: «Nuestra amiga Ellen sí celebra el Año Nuevo.»

Pero no lo hizo. Por el contrario, Kirsti señaló sus zapatos.

—Voy a visitar a mi tío Henrik —gorjeó—, y me he puesto mis zapatos negros nuevos.

El soldado lanzó una carcajada y se alejó.

Annemarie volvió a mirar por la ventanilla. Los árboles, el mar Báltico y el cielo gris de octubre se sucedían en el viaje hacia el Norte por la costa.

—Aspirad el aire —dijo la señora Johansen cuando descendieron del tren y se encaminaron hacia una calle estrecha—. ¿A que es muy fresco? Me trae muchos recuerdos.

La brisa era fría y estaba impregnada de un aroma, intenso pero no desagradable, a sal y pescado. En el cielo, las gaviotas graznaban y chillaban como si se lamentaran.

La señora Johansen miró su reloj.

—Me pregunto si Henrik habrá vuelto ya. Pero no importa. Siempre deja la casa abierta. Vamos, chicas, iremos andando. No está lejos; son algo menos de tres kilómetros. Hace muy buen día. Iremos por el sendero del bosque en lugar de por la carretera. Es un poco más largo, pero más bonito.

—Ellen, ¿no te gustó el castillo que vimos al pasar por Helsingør? —le preguntó Kirsti. Desde que vieron el castillo de Kronborg desde el tren, no había dejado de hablar de aquella fortaleza antigua y majestuosa junto al mar—. ¡Ojalá nos hubiésemos parado a visitarlo! Allí viven reyes y reinas.

Annemarie suspiró, exasperada con su hermana pequeña.

—Allí ya no vive nadie —le dijo—. En otra época sí estuvo habitado, pero ya no. Además, Dinamarca sólo tiene un rey. Y vive en Copenhague.

Pero Kirsti se había adelantado, trotando por la acera.

—Reyes y reinas —cantaba alegremente—, reyes y reinas.

Su madre se encogió de hombros y dijo:

—Déjala que sueñe, Annemarie. Yo también soñaba a su edad —abriendo la marcha, giró por una calle tortuosa hacia las afueras del pueblo—. Apenas si ha cambiado nada desde que era niña —observó—. Mi tía Gitte vivía allí, en aquella casa, y murió hace años. Pero la casa está igual. Tenía unas flores preciosas en el jardín —al pasar, atisbó sobre el pequeño muro de piedra y vio algunos arbustos en flor—. Quizá sigan cultivándolas, pero no es la mejor época del año... Sólo quedan algunos crisantemos. Mirad allí —volvió a señalar—. Mi mejor amiga, que se llamaba Helena, vivía en aquella casa. A veces yo pasaba la noche en su casa. Pero era ella quien solía venir a la mía los fines de semana. Era más divertido estar en el campo. Aunque mi hermano Henrik se pasaba el día tomándonos el pelo —continuó con una sonrisa—. Nos contaba historias de fantasmas y nos moríamos de miedo.

La acera desapareció, y la señora Johansen continuó por un sendero flanqueado de árboles.

—Todas las mañanas, cuando iba al colegio, mi perro me seguía hasta aquí. Al final del sendero, se daba la vuelta y se volvía a casa. Supongo que, como era un perro de campo, no le gustaba el pueblo. ¿Y sabéis una cosa? —prosiguió con una sonrisa—. Se llamaba *Trofast,* que significa «fiel». El nombre le iba como anillo al dedo. ¡Vaya que si era fiel! Todas las tardes me esperaba en el mismo lugar. Siempre se las arreglaba para saber la hora. A veces, incluso hoy, al llegar a esta curva, creo que voy a encontrarme a *Trofast* moviendo el rabo.

Pero aquel día no había nadie en el sendero. Ni personas, ni el perro fiel. La señora Johansen se cambió de mano la bolsa del equipaje, y caminaron por el bosque hasta que el sendero desembocó en un prado donde pacían las vacas. Allí, el sendero discurría por la linde del prado, junto a una valla; a lo lejos se veía el mar gris, revuelto por el viento. La brisa ondulaba la hierba crecida.

Al otro lado del prado, el sendero volvía a internarse en el bosque, y Annemarie supo que llegarían pronto. La casa de tío Henrik estaba en un claro al otro lado de aquel bosque.

—¿Puedo adelantarme? —preguntó Annemarie entonces—. ¡Quiero llegar la primera!

—Anda, ve —le dijo su madre—. ¡Adelántate y dile a la casa que hemos llegado! —rodeó a Ellen con el brazo y añadió—: Dile que hemos traído a una amiga.

7
La casa junto al mar

—¡Oh, Annemarie, es precioso! —exclamó Ellen, asombrada.

Annemarie miró a su alrededor y asintió con la cabeza. La casa y los prados que la rodeaban formaban una parte tan importante de su infancia, de su vida, que no solía mirarlos con nuevos ojos. Pero ahora, al ver la admiración de Ellen, sí lo hizo. Y Ellen tenía razón. Eran preciosos.

La granja, pequeña y de tejado rojizo, era muy antigua; la chimenea estaba torcida, y hasta los marcos de las ventanas parecían desencajados. En el alero del tejado, sobre la ventana de un dormitorio, un pájaro había tejido su nido con paja. Cerca, de un manzano de tronco retorcido, aún colgaban las manzanas de la temporada pasada, ya podridas.

La señora Johansen y Kirsti entraron, pero Annemarie y Ellen corrieron por el prado de hierba tupida, entre las últimas flores del año. Un gato gris salió de algún lugar y corrió junto a ellas. Saltaba de aquí para allá sobre ratones imaginarios, se detenía a lamerse las patas y reanudaba la persecución. Simulaba ignorar a las chicas, pero de vez en cuando volvía la vista para asegurarse de que seguían por allí, al parecer contento de tener compañeras de juego.

El prado llegaba hasta el mar y el agua gris bañaba la hierba parda aplastada y rodeada de piedras lisas y pesadas.

—Nunca he estado tan cerca del mar —confesó Ellen.

—¡Cómo que no! Has estado mil veces en el puerto de Copenhague.

Ellen se rió.

—Me refiero al mar auténtico, como aquí. Mar abierto como éste... Todo un mundo de agua.

Annemarie agitó la cabeza con asombro.

¿Vivía en Dinamarca, un país rodeado de agua, y nunca había estado en la playa?

—A tus padres no les debe gustar salir de excursión, ¿verdad?

Ellen asintió.

—A mi madre le da miedo el mar —explicó, riéndose—. Dice que es demasiado grande para ella. ¡Y que está demasiado frío!

Las chicas se sentaron en una piedra y se quitaron los zapatos y los calcetines. Saltaron de piedra en piedra y chapotearon en el agua. Estaba fría. Rieron y salieron del mar.

Annemarie se agachó y recogió una hoja seca que iba y venía con el movimiento del agua.

—¡Mira! —exclamó—. Quizá esta hoja sea de un árbol de Suecia. El viento pudo haberla arrastrado hasta el mar, y vino flotando hasta aquí. Mira —dijo, señalando—. ¿Ves aquella tierra a lo lejos? Es Suecia.

Ellen se llevó una mano a la frente y observó la costa brumosa del otro país.

—No está tan lejos —comentó.

—Quizá al otro lado haya dos chicas como nosotras mirando hacia aquí y diciendo: «¡Mira, eso es Dinamarca!»

Aguzaron la vista como si pudieran ver a al-

gún niño sueco mirándolas desde el otro lado del mar. Sólo veían la estrecha franja de tierra envuelta en niebla y dos barcas balanceándose en las ondulaciones grises del mar que separaba a los dos países.

—¿Será una de ésas la barca de tu tío Henrik? —preguntó Ellen.

—Quizá. No se ven bien. Están demasiado lejos. La barca de tío Henrik se llama *Ingeborg* —le dijo Ellen—, por mi madre.

Ellen miró a su alrededor.

—¿Deja la barca aquí? ¿No la amarra para que no se la lleve la marea?

Annemarie se rió.

—Oh, no. La deja en la ciudad, en el puerto. Hay un muelle grande desde el que salen a pescar todas las barcas. Allí es donde también descargan el pescado. ¡Tendrías que ver cómo huele! Por la noche dejan las barcas ancladas en el puerto.

—¡Annemarie! ¡Ellen! —la voz de la señora Johansen les llegó desde el otro lado del prado. Las chicas se volvieron y la vieron hacerles señales. Se alejaron de la orilla, se calzaron los zapatos y regresaron a la casa. El gato, que se había acomodado en las piedras de la playa, se incorporó al instante y las siguió.

—Llevé a Ellen a ver el mar —explicó Annemarie cuando llegaron al lugar donde les esperaba su madre—. ¡Nunca había estado tan cerca del mar! Nos mojamos los pies, pero el agua estaba muy fría. Si hubiésemos venido en verano podríamos bañarnos.

—Incluso entonces está fría —dijo su madre. Miró a su alrededor—. ¿Habéis visto a alguien? ¿No habréis hablado con nadie, verdad?

Annemarie negó con la cabeza.

—Sólo hemos visto al gato.

Ellen lo había cogido, lo acariciaba y le hablaba en voz baja, y el gato ronroneaba en sus brazos.

—Recordad lo que os dije. Mientras estemos aquí, no debéis hablar con nadie.

—¡Pero si por aquí no hay nadie! —exclamó Annemarie.

—Aun así. Si veis a alguien, aunque sea amigo de Henrik y lo conozcáis, debéis regresar a casa. Es demasiado difícil, e incluso peligroso, explicar quién es Ellen.

Ellen alzó la vista y se mordió el labio.

—¿También hay soldados aquí? —preguntó.

La señora Johansen suspiró.

—Me temo que hay soldados por todas partes. Y especialmente ahora. Es un mal momento. Venid y ayudadme a preparar la comida. Henrik llegará pronto. Cuidado con el escalón; está suelto. ¿Sabéis lo que he hecho? He encontrado suficientes manzanas para hacer compota. Las manzanas son dulces, así que no importa que no haya azúcar. Henrik traerá pescado, y hay leña de sobra en la chimenea, de modo que esta noche cenaremos y dormiremos bien.

—Entonces no es tan mal momento —dijo Annemarie—. Mientras haya compota...

Ellen besó al gato en la cabeza y dejó que saltara al suelo. El gato salió disparado y se perdió entre la hierba. Siguieron a la señora Johansen al interior.

Aquella noche, las chicas se pusieron el camisón en el pequeño dormitorio que compartían en el piso superior, el mismo en el que dormía la madre de Annemarie cuando era niña. Al otro lado del pasillo, Kirsti dormía en la cama de sus abuelos.

Ellen se acarició el cuello tras ponerse el camisón floreado de Annemarie que la señora Johansen había llevado para ella.

—¿Dónde está mi collar? —preguntó—. ¿Qué hiciste con él?

—Lo escondí en un lugar seguro —le dijo Annemarie—. Un lugar donde no lo encontrará nadie. Y lo guardaré allí hasta que puedas llevarlo sin correr peligro.

Ellen asintió.

—Me lo regaló mi padre cuando era pequeña —explicó.

Se sentó en el borde de la vieja cama y acarició la colcha tejida a mano. La bisabuela de Annemarie bordó las flores y los pájaros, ahora descoloridos, muchos años antes.

—¡Ojalá supiera dónde están mis padres! —se lamentó en voz baja mientras pasaba el dedo por el contorno de uno de los pájaros.

Annemarie no supo qué responderle. Le cogió la mano y permanecieron sentadas juntas en silencio. Por la ventana se veía la forma ovalada de la luna entre las nubes, en el cielo pálido. La noche escandinava no era muy oscura, aunque pronto, cuando llegase el invierno, la noche no sólo sería oscura, sino también muy larga, pues comenzaba a primeras horas de la tarde y duraba hasta bien entrada la mañana.

Oían a la madre y al tío de Annemarie charlando en el piso de abajo, intercambiando noticias. Annemarie sabía que su madre echaba de menos a tío Henrik cuando pasaba tiempo sin verlo. Se querían mucho. La señora Johansen le amonestaba de buenas maneras por no haberse casado; cuando estaban juntos, ella le preguntaba en broma si aún no había encontrado una buena mujer, alguien que le arreglara la casa. Henrik le contestaba que era ella quien debía quedarse a vivir en Gilleleje para no tener que hacerlo él todo.

Mientras escuchaba, a Annemarie le pareció por un instante que todo seguía igual que en otros tiempos: las divertidas estancias anteriores en la granja, cuando la luz de los días de verano se prolongaba más allá de la hora de acostarse, los niños acurrucados en sus camas y los mayores charlando en la sala.

Pero existía una diferencia. En otro tiempo, las risas llegaban con fuerza a los dormitorios. Esa noche no se oía ninguna carcajada.

8
Ha muerto alguien

Al amanecer, Annemarie oyó entre sueños que tío Henrik se levantaba, salía de casa y se dirigía al establo con un cubo. Después, cuando volvió a despertarse, ya había salido el sol. Oyó a los pájaros piar fuera, uno de ellos junto a la ventana, en el manzano; oyó a su madre en el piso de abajo hablando con Kirsti.

Ellen seguía dormida. La noche anterior, en el piso de Copenhague, los soldados las habían despertado de madrugada. Annemarie salió de la cama con cuidado para no despertar a su amiga. Se vistió y bajó la estrecha escalera para encontrarse a su hermana tumbada en el suelo de la cocina intentando obligar al gato a que bebiera de un cuenco.

—Boba —le dijo—. A los gatos les gusta la leche, no el agua.

—Le estoy enseñando una nueva costumbre —le explicó Kirsti con aires de importancia—. Le he puesto de nombre *Thor*, como el dios del trueno.

Annemarie rompió a reír. Contempló al gato minúsculo, que agitaba la cabeza, molesto con los bigotes mojados, mientras Kirsti trataba de metérsela en el agua.

—¿Dios del trueno? —exclamó Annemarie—. ¡Me da la impresión de que correría a esconderse si cayera una tormenta!

—Supongo que en algún lugar tendrá una madre que lo consuele —dijo la señora Johansen—. Irá a buscarla cuando quiera leche.

—Podría ir a visitar a *Bonita* —dijo Kirsti.

Aunque tío Henrik ya no cultivaba nada en la granja, como hicieron sus padres, seguía teniendo una vaca, que rumiaba contenta en el prado y le daba a cambio un poco de leche. De vez en cuando, tío Henrik le mandaba queso a su hermana. Annemarie observó con satisfacción que su madre había hecho papilla de avena y que había una jarra de leche en la mesa. Hacía mucho tiempo que no probaba la leche. En Copenhague desayunaban té y pan todas las mañanas.

La señora Johansen vio que su hija se fijaba en el jarro.

—Leche fresca —le dijo—. Tío Henrik ordeña a *Bonita* todas las mañanas antes de salir a la mar. Y también hay mantequilla —añadió—. Generalmente, ni tío Henrik tiene mantequilla, pero esta vez se las ha arreglado para esconder un poco.

—¿Esconder? —preguntó Annemarie, sirviéndose papilla en un cuenco—. No me digas que los soldados también intentan, ¿cómo se dice?, *reasentar* la mantequilla —se rió de su propia broma.

Pero no era ninguna broma, aunque su madre se riera con ganas.

—Lo hacen —dijo—. ¡Reasientan la mantequilla de los granjeros en el estómago de los soldados! Supongo que si se enterasen de que tío Henrik ha guardado esta poca, vendrían con sus armas y se la llevarían desfilando por el sendero.

Kirsti se unió a sus risas, y las tres imaginaron un montón de mantequilla asustada bajo arresto militar. Cuando Kirsti se desentendió del gato, éste salió disparado de la cocina y se encaramó en el antepecho de la ventana. De repente, allí, en aquella cocina iluminada por el sol, con un jarro de leche en la mesa y un pájaro en el manzano junto a la puerta —y en el Kattegat, donde tío Henrik, rodeado de un mar y un cielo azules, recogía las redes repletas de brillantes peces plateados—, el espectro de las armas y de los soldados de rostros sombríos no parecía sino una historia de fantasmas, una broma para asustar a los niños en la oscuridad.

Ellen apareció en el umbral de la cocina con una sonrisa soñolienta, y la señora Johansen puso otro cuenco de gachas humeantes en la vieja mesa de madera.

—Leche —suspiró Annemarie, haciendo un gesto hacia la jarra con una sonrisa.

Las chicas jugaron todo el día en el campo, bajo el cielo limpio y el sol. Annemarie llevó a Ellen al pequeño prado que había tras el establo y le presentó a *Bonita,* que lamió la mano de Ellen perezosamente con su lengua áspera. El gato brincaba por el prado a la caza de insectos. Las chicas cortaron grandes ramos de flores silvestres secas y después, al llegar el frío atardecer, las pusieron en jarrones y tarros hasta que cubrieron la mesa de floreros.

Dentro, la señora Johansen fregaba y limpiaba el polvo al tiempo que se quejaba de lo descuidado que era su hermano. Sacó las alfombras al tendedero y, al golpearlas con un palo, levantó una nube de polvo a su alrededor.

—Le hace falta una esposa —se lamentó, agitando la cabeza cuando se puso a barrer el gastado suelo de madera mientras se aireaban las alfombras—. Mirad esto —dijo al abrir la puerta del salón de mobiliario anticuado en el que tío Henrik apenas entraba—. Nunca limpia el polvo —cogió los trapos de la limpieza y añadió—: Kirsti, el dios del trueno ha dejado caer un pequeño chaparrón en un rincón de la cocina. Ten cuidado.

Tío Henrik llegó a última hora de la tarde. Sonrió al ver la casa limpia y reluciente, la puerta doble del salón abierta, las alfombras oreándose y los cristales de las ventanas lavados.

—Henrik, te hace falta una esposa —le amonestó la señora Johansen.

Tío Henrik se rió al reunirse con su hermana en los escalones de la puerta de la cocina.

—¿Para qué quiero yo una esposa si tengo a mi hermana? —le preguntó con su vozarrón.

La señora Johansen suspiró con un gesto divertido.

—Deberías pasar más tiempo en casa y preocuparte de limpiarla y cuidarla. El escalón está roto, hay una gotera en la cocina y...

Tío Henrik la miraba sonriendo y agitando la cabeza con fingida contrariedad.

—Y hay ratones en el desván y mi jersey marrón tiene un agujero en la manga y si no limpio las ventanas pronto...

Lanzaron una carcajada al unísono.

—En fin —dijo la señora Johansen—, he abierto todas las ventanas para que entre el aire y el sol en la casa, Henrik. Menos mal que ha hecho un tiempo espléndido.

—Mañana será un buen día para salir a pescar —dijo Henrik al tiempo que desaparecía su sonrisa.

Annemarie, que estaba escuchando, reconoció aquellas palabras. Su padre había dicho algo parecido por teléfono. «¿Hace buen tiempo para pescar, Henrik?», le preguntó su padre. Pero, ¿qué significaba? Henrik salía a pescar todos los días, ya lloviera o brillase el sol. Los pescadores daneses no esperaban a que luciera el sol para hacerse a la mar con sus barcos y echar las redes. Annemarie, en silencio, sentada junto a Ellen bajo el manzano, observaba a su tío.

—¿Hace buen tiempo? —le preguntó su madre, mirándole.

Henrik asintió y miró al cielo. Olfateó el aire.

—Volveré al barco después de cenar. Saldremos antes del amanecer. Me quedaré toda la noche en el barco.

Annemarie se preguntó qué se sentiría al pasar toda la noche en un barco. Echar el ancla y oír el agua golpear contra el casco. Ver las estrellas desde el mar.

—¿Has preparado la sala? —le preguntó tío Henrik a su madre.

La señora Johansen asintió.

—La he arreglado y he cambiado los muebles de sitio para dejar más espacio. Ya ves las flores —añadió—. No se me ocurrió a mí; fueron las chicas quienes cogieron flores secas en el prado.

—¿Preparar la sala para qué? —preguntó Annemarie—. ¿Por qué has cambiado los muebles de sitio?

Su madre miró a tío Henrik. Éste se había

agachado para coger al gato, que pasaba a su lado en aquel momento, y ahora lo tenía apretado contra el pecho y le rascaba la cabeza. El gato arqueó la espalda con satisfacción.

—Bueno, chicas —dijo—, es algo triste, pero no mucho; la verdad es que era una persona muy, muy mayor. Ha muerto alguien. Esta noche tu tía abuela Birte descansará en la sala, en su ataúd, antes de que la enterremos mañana. Ya sabéis que es una antigua costumbre que los muertos descansen entre sus seres queridos la noche antes del entierro.

Kirsti escuchaba fascinada.

—¿Aquí? —preguntó—. ¿Una persona muerta aquí mismo?

Annemarie no dijo nada. Estaba confundida. Era la primera vez que hablaban de una muerta en la familia. Nadie había llamado a Copenhague para comunicar la noticia. Nadie parecía triste.

Y lo que más le desconcertaba era que jamás había oído aquel nombre. La tía abuela Birte. Si hubiese alguien en su familia con ese nombre ella lo habría sabido. Puede que Kirsti no; Kirsti era pequeña y no prestaba mucha atención a esas cosas.

Pero Annemarie sí. Su madre le contaba historias de su niñez, y a Annemarie le encantaban. Recordaba los nombres de todos los primos, tíos y tías de su madre: quién era un bromista, quién un cascarrabias; quién era tan gruñón que su mujer se mudó de casa, aunque siguieron cenando juntos todas las noches. Aquellas historias tan divertidas e interesantes protagonizadas por los pintorescos personajes de la familia de su madre.

Y Annemarie estaba completamente segura, aunque no dijo nada. No había ninguna tía abuela Birte. No existía.

9
¿Por qué mentís?

Annemarie salió sola después de cenar. Por la ventana abierta de la cocina oyó las voces de su madre y de Ellen, que charlaban mientras lavaban los platos. Sabía que Kirsti estaría entretenida jugando en el suelo con las viejas muñecas que encontró en el trastero, las muñecas con las que había jugado su madre muchos años antes. El gato salió corriendo cuando Kirsti intentó vestirlo.

Vagó hacia el establo, donde tío Henrik ordeñaba a *Bonita*. Estaba arrodillado en la paja del suelo, con el hombro apoyado en el recio flanco del animal. Sus manos fuertes y bronceadas extraían rítmicamente la leche de la ubre. El dios del trueno observaba desde cerca en actitud de alerta.

Bonita miró a Annemarie con sus grandes ojos castaños y movió la boca arrugada como una anciana al ajustarse la dentadura postiza.

Annemarie se apoyó en la pared de madera gastada del establo y escuchó el golpeteo de los chorritos de leche contra las paredes del cubo. Tío Henrik la miró por encima del hombro y sonrió sin dejar de ordeñar. No dijo nada.

La luz rosada del atardecer entraba por las ventanas del establo y formaba sombras irregulares sobre las balas de paja. Las partículas de polvo y paja flotaban en los rayos de luz.

—Tío Henrik —dijo Annemarie con voz impasible—, mamá y tú me estáis mintiendo.

Las manos recias de tío Henrik continuaron apretando la ubre de la vaca con un movimiento mecánico. Los chorritos de leche seguían saliendo. Sus ojos azules volvieron a mirar a Annemarie de forma interrogadora.

—¿Te has enfadado? —le preguntó.

—Sí. Mamá no me había mentido nunca. Jamás. Yo sé que la tía abuela Birte no existe. Ni en las historias que me han contado, ni en las fotografías que he visto había una tía abuela Birte.

Tío Henrik suspiró. *Bonita* le miró como si dijera: «Ya casi hemos terminado», y ciertamente los chorritos de leche salieron más finos y lentos.

Dio un apretón final, suave pero firme, y extrajo el último chorrito de leche. El cubo estaba medio lleno de leche espumosa. Finalmente, lo apartó y lavó la ubre de la vaca con un trapo húmedo. Después, puso el cubo sobre una estantería y lo tapó. Frotó el cuello de *Bonita* afectuosamente. Por último, se volvió a Annemarie mientras se secaba las manos con el trapo.

—¿Eres valiente, Annemarie? —le preguntó de repente.

Annemarie se sorprendió y se sintió consternada. No le gustaba que le hicieran aquella pregunta. Cuando se lo preguntaba a sí misma, no sabía qué responder.

—No mucho —confesó, bajando la vista al suelo del establo.

Tío Henrik se arrodilló y, como era tan alto, su rostro quedó al mismo nivel que el de Annemarie. Tras él, *Bonita* bajó la cabeza, cogió un buen bocado de heno y lo engulló con ayuda

de la lengua. El gato torció la cabeza, atento por si se derramaba la leche.

—Me parece que eso no es cierto —dijo tío Henrik—. Creo que eres como tu madre y como tu padre. Y como yo. Tienes miedo, pero eres decidida. Estoy seguro de que, si llega el momento, serás muy, muy valiente. Pero es más fácil ser valiente si no se sabe todo —añadió—. Tu madre no lo sabe todo, ni yo tampoco. Sólo sabemos lo que nos hace falta. ¿Entiendes lo que trato de decirte? —le preguntó, fijando la mirada en sus ojos.

Annemarie frunció el ceño. No estaba segura. ¿Qué era la valentía? Se había asustado no hace mucho, aunque parecía ya muy lejos, el día que la detuvo el soldado en la calle y le hizo varias preguntas con aquel vozarrón.

Entonces tampoco lo sabía todo. No sabía que los alemanes iban a llevarse lejos a los judíos. Por eso, cuando el soldado le preguntó mirando a Ellen: «¿Cómo se llama tu amiga?», le respondió, aunque estaba asustada. Si lo hubiera sabido todo, no le habría resultado tan fácil ser valiente.

Empezó a comprender.

—Sí —le dijo a tío Henrik—, creo que lo entiendo.

—Has acertado —admitió tío Henrik—. La tía abuela Birte no existe ni ha existido nunca. Tu madre y yo te hemos mentido. Lo hemos hecho para ayudarte a ser valiente —le explicó—, porque te queremos. ¿Nos perdonas?

Annemarie asintió. De repente, se sintió como una persona mayor.

—Y ahora, por el mismo motivo, no te voy a decir nada más. ¿Comprendes?

Annemarie asintió de nuevo. Se oyó un ruido fuera. Tío Henrik enderezó los hombros. Se puso en pie al instante y fue a mirar por la ventana del establo. Después se volvió a Annemarie.

—Es el coche fúnebre —anunció—. Es la inexistente tía abuela Birte —sonrió con desgana—. Así que, amiguita, ya es hora de que comience el velatorio. ¿Estás preparada?

Annemarie cogió a su tío de la mano y salieron del establo.

El ataúd de madera pulida y brillante descansaba sobre unos soportes en el centro de la sala, rodeado de las flores secas y frágiles que Annemarie y Ellen habían cortado aquella misma tarde. En la mesa, los candelabros con las velas encendidas daban una luz tenue y vacilante. El coche fúnebre se había marchado, y los hombres de rostros solemnes que entraron el ataúd a la casa se marcharon en él después de hablar en voz baja con tío Henrik.

Kirsti se fue a la cama a regañadientes, protestando porque quería quedarse levantada con los demás y alegando que ya era mayor, que nunca había visto a nadie en un ataúd y que no era justo. Pero la señora Johansen se mostró inflexible, y Kirsti, finalmente, subió la escalera de mal humor, con las muñecas bajo un brazo y el gato en el otro.

Ellen estaba callada y tenía una expresión triste.

—Siento mucho que haya muerto su tía Birte —le dijo a la madre de Annemarie, quien sonrió tristemente y le dio las gracias.

Annemarie las oyó y no dijo nada. «Así que ahora yo también estoy mintiendo —pensó—, y a mi mejor amiga. Podría decirle a Ellen que no es cierto, que la tía abuela Birte no existe. Podría llevármela a un rincón y contarle en voz baja el secreto para que no estuviera triste.»

Pero no lo hizo. Comprendió que así protegía a Ellen del mismo modo que su madre la había protegido a ella. Aunque no entendía lo que ocurría, ni por qué estaba allí el ataúd, ni sabía realmente quién había dentro, sí sabía que para Ellen era mejor, más seguro, creer que existía la tía abuela Birte. De modo que no dijo nada.

Al caer la noche aparecieron otras personas. Un hombre y una mujer, los dos vestidos de negro y la mujer con un bebé dormido en los brazos, aparecieron en la puerta, y tío Henrik les invitó a pasar con un gesto. Siguieron a tío Henrik a la sala, donde se sentaron en silencio.

—Amigos de la tía abuela Birte —dijo la señora Johansen en respuesta a la mirada interrogadora de Annemarie. Annemarie sabía que su madre le mentía otra vez y que lo hacía sabiendo que ella lo comprendía. Intercambiaron una larga mirada sin decir nada. En aquel momento, se miraron de igual a igual.

De la sala les llegó el gemido apagado del bebé. Annemarie miró por la puerta y vio a la mujer desabotonarse la blusa y amamantarlo hasta que acabó por tranquilizarse.

Llegó otro hombre: un anciano barbudo. Se dirigió a la sala en silencio y se sentó sin decir nada. Los demás se limitaron a levantar la vista. La joven se cubrió el pecho con la manta que envolvía al bebé, cuya cabeza también quedó oculta. El viejo inclinó la cabeza hacia delante y cerró los ojos, como si rezara. Movía los labios en silencio, pronunciando palabras que nadie oía.

Annemarie se quedó en la puerta, observando a los asistentes al velatorio a medida que se sentaban en la sala iluminada por la luz de las velas. Después se marchó a la cocina y se puso a ayudar a su madre y a Ellen a preparar la comida.

Recordaba que, en Copenhague, cuando Lise murió, los amigos de la familia iban a casa todas las noches. Todos llevaban comida para que su madre no tuviese que cocinar.

¿Por qué no habían traído comida aquellas personas? ¿Por qué no hablaban? En Copenhague, aunque la conversación era triste, las personas hablaban entre sí y con sus padres. Hablaban de Lise y recordaban tiempos más felices.

Mientras partía queso y meditaba, Annemarie comprendió que aquellas personas no tenían nada que decir. No podían hablar de tiempos más felices vividos con la tía abuela Birte porque la tía abuela Birte jamás existió.

Tío Henrik fue a la cocina, miró su reloj y después se dirigió a su hermana:

—Se hace tarde —le dijo—. Debo irme al barco —parecía preocupado. Apagó las velas para que no se viera y abrió la puerta. Escudriñó la oscuridad que se extendía más allá del manzano de tronco retorcido—. Bien. Aquí llegan —dijo en voz baja con tono de alivio—. Ellen, ven conmigo.

Ellen miró interrogadoramente a la señora Johansen y ésta asintió.

—Ve con Henrik —le dijo.

Con un trozo de queso añejo en la mano, Annemarie vio a Ellen seguir a tío Henrik fuera. Oyó a Ellen exclamar en voz baja y después el susurro de unas voces.

Tío Henrik volvió al momento. Tras él apareció Peter Neilsen.

Aquella noche, Peter se dirigió en primer lugar a la señora Johansen y la abrazó. Después abrazó a Annemarie y le dio un beso. Pero no dijo nada. Aquella noche no mostró su afecto ruidosamente; parecía tener prisa y estar preocupado. Fue a la sala inmediatamente, miró a su alrededor y asintió a las personas que se encontraban allí.

Ellen seguía fuera. Pero la puerta se abrió pronto y regresó… Como un bebé en brazos de su padre, con las piernas colgando, apretándose con fuerza contra su pecho. Su madre estaba junto a ellos.

10
Abramos el ataúd

—Ya están todos aquí —dijo tío Henrik, mirando a su alrededor—. Debo irme.

Annemarie se quedó en el umbral de la sala, mirando desde el recibidor. El bebe dormía ahora, y su madre parecía cansada. Su marido permanecía junto a ella y la abrazaba. El anciano seguía con la cabeza inclinada.

Peter se sentó aparte y se echó hacia delante con los codos apoyados en las rodillas. Parecía inmerso en sus pensamientos.

Ellen estaba sentada en el sofá entre sus padres y estrechaba con fuerza la mano de su madre. Miró a Annemarie, pero no sonrió. Annemarie sintió una punzada de tristeza; el lazo de su amistad no se había roto, pero era como si Ellen se hubiera marchado a un mundo diferente, el mundo de su familia y de lo que les esperaba.

Cuando tío Henrik se dispuso a marcharse, el anciano barbudo alzó la cabeza.

—Vaya con Dios —le dijo en voz baja, pero firme.

Henrik asintió.

—Quedad con Él —contestó.

Entonces se dio la vuelta y salió de la habitación. Un momento después, Annemarie le oyó salir de la casa.

La señora Johansen trajo de la cocina una bandeja con una tetera y varias tazas. Annemarie le ayudó a repartir las tazas. Nadie dijo nada.

—Annemarie —le susurró su madre en el recibidor—, vete a la cama si quieres. Es muy tarde.

Annemarie le dijo que no con la cabeza. Pero estaba cansada. Veía que Ellen también lo estaba; su amiga tenía la cabeza apoyada en el hombro de su madre y cerraba los ojos de vez en cuando.

Finalmente, Annemarie se dirigió a la mecedora desocupada en un rincón de la sala y se acomodó en ella, con la cabeza en el respaldo mullido. Dormitó.

Los faros de un coche que se detuvo fuera iluminaron las ventanas y la sacaron de su adormecimiento. Se oyeron las puertas del coche. Todos se pusieron alerta, pero nadie habló.

Como en una pesadilla, oyó los golpes en la puerta y, luego, las fuertes pisadas de las botas, horriblemente familiares, en el suelo de la cocina. La mujer con el bebé gimió de repente y rompió a llorar.

Se oyó una voz masculina, fuerte y con acento extranjero.

—Hemos observado que esta noche se ha reunido en esta casa un número anormal de personas —dijo—. ¿Cuál es el motivo?

—Ha muerto alguien —contestó la señora Johansen con voz tranquila—. Tenemos la costumbre de reunirnos a dar el pésame a la familia del difunto. Estoy segura de que conoce nuestras costumbres.

El oficial al mando de los soldados empujó a la señora Johansen y se dirigió a la sala tras ella. Los demás ocuparon toda la puerta.

Como siempre, las botas relucían. Las armas. Los cascos. Todo brillaba a la luz de las velas.

Annemarie vio que el hombre paseaba la mirada por la sala y que observaba el ataúd largo tiempo. Después fijó la vista en cada uno de los presentes. Cuando sus ojos se posaron en ella, Annemarie le devolvió la mirada sin pestañear.

—¿Quién ha muerto? —preguntó con brusquedad.

Nadie respondió. Todos miraron a Annemarie, quien sólo entonces comprendió que el oficial se dirigía a ella.

En ese instante supo con certeza lo que le quiso decir tío Henrik cuando habló con ella en el establo. Era más fácil ser valiente si no se sabía nada.

Tragó saliva.

—Mi tía abuela Birte —mintió con voz firme.

El oficial se aproximó de repente al ataúd. Puso la mano enguantada en la tapadera.

—Pobre tía Birte —dijo con voz condescendiente—. Sí, conozco sus costumbres —continuó, volviendo la mirada a la señora Johansen—. Y sé que la costumbre es acercarse al ataúd y mirar por última vez al difunto. Me extraña que tengan el ataúd tan bien cerrado —cerró la mano con fuerza y la pasó por el borde de la tapadera pulida—. ¿Por qué no está abierto? —preguntó—. Abrámoslo para ver por última vez a tía Birte.

Annemarie observó que Peter, al otro lado de la habitación, se erguía en la silla, alzaba el mentón y, lentamente, desplazaba la mano a un lado.

La señora Johansen cruzó presurosa la sala, directamente hacia el ataúd y el oficial.

—Tiene razón —dijo—. El doctor nos aconsejó mantenerlo cerrado, porque tía Birte murió de tifus, y el doctor dice que quizá los microbios estén ahí y sigan siendo peligrosos. Pero, ¿qué sabrá él, un viejo médico de pueblo? ¡Estoy segura de que a los microbios del tifus no les gusta vivir en una muerta! ¡Mi querida tía Birte! Estoy deseando verle la cara y darle el último beso. ¡Claro que abriremos el ataúd! Me alegro de que lo haya sugerido...

Con un rápido movimiento, el oficial nazi abofeteó a la señora Johansen, que retrocedió tambaleándose al tiempo que la marca blanca de su mejilla se amorataba.

—¡Estúpida! —gritó—. ¿Cree que tenemos

algún interés en ver el cuerpo corrupto de su tía? Ábralo cuando nos vayamos —dijo.

Apagó una vela con los dedos enguantados. La cera fundida goteó sobre la mesa.

—Apaguen las velas o cierren las ventanas —ordenó. Después se dirigió a la puerta y salió de la casa. Inmóvil, en silencio, con una mano en la mejilla, la señora Johansen prestó atención, todos prestaron atención, mientras los hombres uniformados se marchaban. Un momento después oyeron las puertas de los vehículos y el ruido de los motores al alejarse.

—¡Mamá! —gritó Annemarie.

Su madre agitó la cabeza con brusquedad y miró hacia la ventana, cubierta sólo por un visillo. Annemarie comprendió. Quizá hubiese algún soldado fuera, vigilando, escuchando.

Peter se levantó y corrió la cortina. Encendió la vela que había apagado el oficial. Después cogió la Biblia que estaba siempre sobre el paño de la mesa. La abrió apresuradamente y dijo:

—Leeré un salmo.

Bajó la mirada a la página que había abierto al azar y leyó en voz alta:

Alabad a Yavé, porque es bueno;
cantad a nuestro Dios, porque dulce es la ala-
Yavé reconstruye Jerusalén,   *[banza.*
congrega a los dispersos de Israel;
sana a los de corazón afligido
y venda sus heridas.
Es Él quien cuenta las estrellas
y llama a cada una por su nombre…

La señora Johansen se sentó y escuchó con atención. Todos fueron tranquilizándose poco a poco. Annemarie vio que el anciano movía los labios mientras Peter leía; se sabía el salmo de memoria.

Annemarie no conocía ese salmo. Aquellas palabras no le resultaban familiares y trató de prestar atención, de comprenderlas, de olvidarse de la guerra y de los nazis, de no llorar, de ser valiente. La brisa nocturna agitaba las cortinas de las ventanas abiertas. Sabía que, fuera, el cielo estaba plagado de estrellas. ¿Cómo es que existía alguien que podía contarlas, como decía el salmo? El cielo era inmenso.

Ellen le dijo que a su madre le daba miedo el mar, que era demasiado grande y estaba demasiado frío.

«El cielo también lo era —pensó Annemarie—. El mundo lo era: demasiado grande, demasiado frío. Y demasiado cruel.»

Peter continuó leyendo con voz firme, aunque se le notaba cansado. Transcurrieron largos minutos. Parecieron horas.

Al fin, aún leyendo, se acercó sigilosamente a la ventana. Cerró la Biblia y prestó atención. Después se volvió a los presentes.

—Ahora —dijo—. Ha llegado el momento.

Primero cerró las ventanas. Después se acercó al ataúd y lo abrió.

11
¿Te veremos pronto, Peter?

Annemarie puso cara de asombro. Vio que Ellen, al otro lado de la habitación, también miraba con sorpresa el estrecho ataúd de madera.

No había nadie dentro. Pero estaba lleno de mantas dobladas y de ropa de abrigo.

Peter comenzó a sacar las prendas y a repartirlas entre los presentes. Entregó unos pesados abrigos al matrimonio y otro al anciano barbudo.

—Hará mucho frío —musitó—. Pónganselos —encontró un grueso jersey para la señora

Rosen y una chaqueta de lana para el padre de Ellen. Tras rebuscar unos instantes entre la ropa doblada, halló una rebeca de invierno más pequeña y se la entregó a Ellen.

Annemarie vio que Ellen cogía la rebeca y la contemplaba. Estaba remendada y raída. Era cierto que, en los últimos años, poca gente disponía de ropa nueva; no obstante, la madre de Ellen se las arreglaba para hacerle la ropa a su hija; generalmente cosía trozos de telas distintas y los unía para hacer una prenda que parecía nueva. Ellen jamás se había puesto algo tan viejo y estropeado.

Pero esta vez sí. Se ajustó la rebeca y se abrochó los botones desiguales.

Peter, con los brazos llenos de extraños ropajes, miró al matrimonio con el bebé.

—Lo siento —les dijo—. No hay nada para él.

—Yo buscaré algo —se apresuró a decir la señora Johansen—. El bebé no puede pasar frío —salió de la habitación y volvió un momento después con la gruesa rebeca roja de Kirsti.

—Tome —le dijo en voz baja a la madre—. Le quedará muy grande, pero irá bien abrigadito.

La mujer habló por primera vez.

—Es niña —susurró—. Se llama Rachel.

La señora Johansen sonrió y le ayudó a ponerle la rebeca al bebé. Le abrocharon juntas los botones con forma de corazón —¡cómo le gustaba a Kirsti aquella rebeca, con sus botones de corazón!— y dejaron al bebé enfundado en la cálida lana roja. Sus párpados se agitaron, pero no se despertó.

Peter se buscó en los bolsillos y sacó algo. Se acercó a los padres y se inclinó sobre el bebé. Abrió el tapón de un bote pequeño que tenía en la mano.

—¿Cuánto pesa? —preguntó.

—Pesó dos kilos y medio al nacer —le contestó la joven—. Ha engordado algo, pero no mucho. Ahora no pesará más de tres kilos.

—Entonces bastará con unas gotas. No sabe a nada. Ni siquiera lo notará.

La madre abrazó con más fuerza al bebé y suplicó a Peter con la mirada.

—No, por favor —dijo—. Se pasa la noche durmiendo. No lo necesita, por favor, se lo prometo. No llorará.

—No podemos correr el riesgo —le contestó Peter con voz autoritaria. Introdujo el cuentagotas en la boca minúscula del bebé y dejó caer unas pocas gotas de líquido sobre la lengua. El bebé bostezó y se lo tragó. La madre cerró los ojos, el marido le estrechó los hombros.

Después, Peter sacó una a una las mantas dobladas del ataúd y las repartió.

—Llévenselas —les aconsejó—. Les harán falta para abrigarse luego.

La madre de Annemarie iba de un lado a otro de la habitación repartiendo a cada persona un paquete de comida: el queso, el pan y las manzanas que Annemarie le ayudó a preparar en la cocina horas antes.

Finalmente, Peter se sacó de la chaqueta un paquete envuelto en papel. Miró a su alrededor y estudió a los allí reunidos, enfundados ya en gruesa ropa de abrigo, y después le hizo una seña al señor Rosen, quien le siguió al recibidor.

Annemarie pudo oír la conversación.

—Señor Rosen —le dijo Peter—. Esto debe llegar a Henrik. Pero quizá yo no lo vea. Yo dejaré a los demás en el puerto, y ellos llegarán solos a la barca. Quiero que le entregue esto sin falta. Es muy importante.

Hubo un momento de silencio, y Annemarie supo que Peter debía estar dándole el paquete al señor Rosen.

Annemarie lo vio sobresalir del bolsillo del

abrigo del señor Rosen cuando éste regresó a la habitación y volvió a sentarse. Observó que el señor Rosen tenía una expresión de desconcierto. No sabía lo que contenía el paquete. No lo había preguntado.

Annemarie comprendió que, una vez más, se protegían ocultándose los detalles. Si el señor Rosen supiera lo que contenía el paquete, quizá se hubiese asustado. Si lo supiera, quizá corriese peligro.

Por eso no lo preguntó. Ni Peter se lo dijo.

—Bien —dijo Peter, mirando su reloj—. Yo conduciré al primer grupo. Usted, usted y usted —señaló al viejo y al matrimonio joven con el bebé—. Inge —añadió. Annemarie advirtió que era la primera vez que oía a Peter Neilsen llamar a su madre por su nombre; antes, siempre la llamaba «señora Johansen»; o, en los viejos tiempos, con la alegría y la emoción de su compromiso con Lise, de vez en cuando le decía «madre». Ahora era Inge. Parecía que Peter hubiese abandonado su juventud y ocupado un puesto en el mundo de los adultos. Su madre asintió y aguardó sus instrucciones—. Espera veinte minutos y trae luego a los Rosen. No vengas antes. Debemos dejar tiempo suficiente para que haya menos probabilidades de que nos vean.

La señora Johansen asintió de nuevo.

—Una vez que hayas dejado a los Rosen con Henrik, vuelve directamente a casa. En el sendero, camina por las sombras, aunque eso ya lo sabes. Cuando dejes a los Rosen en el barco, yo ya me habré marchado. En cuanto lleve a mi grupo tengo que hacer otras cosas esta misma noche —se volvió a Annemarie—. Ha llegado la hora de despedirme.

Annemarie le abrazó.

—¿Te veremos pronto, Peter? —le preguntó.

—Eso espero —le dijo Peter—. Muy pronto. No crezcas mucho, que te vas a poner más alta que yo, Patilarga.

Annemarie sonrió, pero al comentario de Peter le faltaba la gracia del pasado. Apenas si era una sombra de lo que fue.

Peter besó a la señora Johansen en silencio. Después deseó suerte a los Rosen y salió a la cabeza del grupo.

Annemarie, su madre y los Rosen permanecieron callados. Hubo un ajetreo en la puerta y la señora Johansen salió en seguida a mirar. Regresó un momento después.

—No es nada —dijo, en respuesta a sus miradas—. El viejo ha dado un traspiés. Peter le ayudó a levantarse. No parecía herido. Quizá sólo en su orgullo.

Era una palabra extraña: orgullo. Annemarie observó a los Rosen, allí sentados, vestidos con aquellos ropajes deformes y raídos, con las mantas viejas dobladas entre los brazos y los rostros tristes y cansados. Recordó tiempos más felices: la señora Rosen, con el cabello peinado con esmero bajo el velo, encendiendo las velas del candelabro de siete brazos y rezando la antigua oración; y el señor Rosen, sentado en el sillón de la sala, estudiando sus gruesos libros, corrigiendo exámenes, ajustándose las gafas y alzando la vista de vez en cuando para lamentarse por la falta de una luz decente. Recordó a Ellen en la representación del colegio, moviéndose con aplomo por el escenario, los ademanes seguros, la voz clara.

Aquellas cosas, aquellas fuentes de orgullo —el candelabro, los libros, los ensueños del teatro— quedaron atrás, en Copenhague. Ahora ya no poseían nada; sólo les quedaba la ropa de personas desconocidas para abrigarse, los alimentos de la granja de tío Henrik para sobrevivir y el oscuro sendero por delante, en el bosque, hacia la libertad.

Annemarie adivinó, sin que nadie se lo dijera, que tío Henrik les iba a llevar en el barco a Suecia. Sabía lo que le asustaba a la señora Rosen el mar: su extensión, su profundidad, su frialdad. Sabía lo que Ellen temía a los soldados, con sus armas y sus botas, que con toda seguridad les perseguirían aquella noche. Y sabía que todos debían temer el futuro.

Pero ellos seguían con la cabeza tan alta como antes. De modo que había otras fuentes de orgullo, y ellos no lo habían dejado todo atrás.

12
¿Dónde está mamá?

El señor Rosen tropezó en el escalón suelto de la puerta de la cocina y recuperó el equilibrio ayudado por su mujer.

—Está muy oscuro, y no podemos encender ninguna luz —susurró la señora Johansen al congregarse todos fuera con las mantas y los paquetes de comida entre los brazos—. Yo iré delante, conozco bien el camino. Vosotros seguidme. Tratad de no tropezar con las raíces de los árboles. Pisad con cuidado, es un terreno accidentado —y añadió innecesariamente—: Guardad silencio.

La noche también era silenciosa. Una ligera brisa soplaba en las copas de los árboles, y el murmullo del mar, que allí era un sonido omnipresente, les llegaba desde el otro lado del prado. Pero ahora, de noche, los pájaros no piaban ni graznaban. La vaca dormía callada en el establo, y el gato hacía lo propio en el piso de arriba, en los brazos de Kirsti.

Aquí y allá, entre los jirones de nubes, las estrellas punteaban el cielo, pero no había luna. Annemarie, al pie de la escalera, se estremeció.

—Vamos —murmuró la señora Johansen al emprender el camino.

Uno a uno, los Rosen se volvieron y abrazaron en silencio a Annemarie. Por último le llegó el turno a Ellen; las dos chicas se abrazaron.

—Algún día volveré —susurró Ellen con aplomo—. Te lo prometo.

—Sé que volverás —le contestó Annemarie, abrazando con fuerza a su amiga.

Después se marcharon, su madre y los Rosen. Annemarie se quedó sola. Entró en la casa, rompió a llorar y cerró la puerta a la noche.

La tapa del ataúd volvía a estar cerrada. La sala se había quedado vacía; no se veían señales de las personas que habían permanecido allí aquellas horas. Annemarie se enjugó las lágrimas con el dorso de la mano. Abrió las cortinas y las ventanas, se acomodó de nuevo en la mecedora e intentó tranquilizarse. Repasó la ruta del grupo. Ella también conocía el viejo sendero, no tan bien como su madre, que lo había recorrido casi todos los días con su perro cuando era pequeña. Pero Annemarie había ido y vuelto al pueblo muchas veces y recordaba las curvas, los árboles de tronco nudoso con raíces que salían de la tierra aquí y allá, y los arbustos tupidos que florecían a principios de verano.

Imaginó que caminaba con ellos, tanteando el camino a oscuras. Supuso que tardarían media hora en llegar al lugar donde tío Henrik les esperaba en el barco. Su madre los dejaría allí, se detendría un minuto, no más, para darles un último abrazo, y regresaría a casa. Como no tendría que ir al paso de los Rosen, que desconocían el terreno, tardaría menos en recorrer el camino de vuelta. Su madre volvería pronto con ellas.

En el reloj del recibidor sonó una campanada; eran las dos y media de la madrugada. Annemarie calculó que su madre tardaría aún una hora en regresar. Se meció suavemente en la vieja mecedora. Su madre volvería a las tres y media.

Pensó en su padre, solo en Copenhague. Él también estaría despierto. Desearía haber venido, pero también sabía que debía hacer lo de siempre: ir a la esquina a comprar el periódico, ir a la oficina todas las mañanas. Ahora sentiría inquietud por ellas, miraría intranquilo el reloj, esperaría la noticia de que los Rosen se encontraban a salvo y de que mamá y las niñas estaban en la granja dispuestas a comenzar un nuevo día, desayunando papilla de avena y leche a la luz del nuevo sol que entraba por la ventana.

Annemarie comprendió que era peor para quienes esperaban. Menos peligroso, quizá, pero más inquietante.

Bostezó; la cabeza se le caía hacia delante. Se quedó dormida. Fue un sueño tan ligero como las nubes nocturnas, salpicado de imágenes que aparecían y desaparecían como las estrellas.

La luz la despertó. Aún no había amanecido. Era sólo el primer atisbo de un cielo que comenzaba a clarear: un pálido resplandor en la linde del prado, una señal de que en algún lugar muy lejano, hacia el Este, donde estaba

Suecia, pronto llegaría la mañana. El amanecer se extendería por las playas y los campos de Suecia; después bañaría de luz la pequeña Dinamarca y avanzaría por el mar del Norte hasta Noruega.

Annemarie se despertó confundida, se incorporó y, tras un momento, recordó dónde estaba y por qué se encontraba allí. Pero algo no encajaba. La pálida luz en el horizonte... Aún debería estar oscuro. Aún debería ser de noche.

Se enderezó, estiró las piernas y fue al recibidor a mirar la hora en el viejo reloj. Eran más de las cuatro.

¿Dónde estaba su madre?

Quizá ya hubiese vuelto y, sin querer despertar a Annemarie, se había metido en la cama. Sí, eso debía ser. Su madre debía estar exhausta; había permanecido despierta toda la noche, realizando aquel peligroso viaje al barco y regresado por el oscuro bosque pensando sólo en dormir.

Annemarie subió la escalera a toda prisa. La puerta del dormitorio que compartió con Ellen estaba abierta. Las dos pequeñas camas estaban hechas, cubiertas con las colchas descoloridas, y vacías.

Al lado, el dormitorio de tío Henrik también estaba en orden y vacío. A pesar de su inquietud, Annemarie esbozó una sonrisa al ver la ropa de tío Henrik arrugada en una silla y un par de zapatos cubiertos de barro en el suelo.

«Necesita una esposa», se dijo, imitando a su madre.

La puerta del otro dormitorio, el que compartían Kirsti y su madre, estaba cerrada. Annemarie la abrió despacio, sin querer despertarlas.

El gato irguió las orejas, abrió los ojos, levantó la cabeza y bostezó. Salió de entre los brazos de Kirsti, se desperezó, saltó silenciosamente al suelo y se acercó a Annemarie. Se frotó contra su pierna y maulló.

Kirsti suspiró y se volvió en sueños; uno de sus brazos, falto ahora del calor del gato, voló hasta la almohada.

No había nadie en el otro lado de la cama.

Annemarie se precipitó hacia la ventana desde la que se veía el claro del que partía el sendero. La luz era aún muy débil, y Annemarie aguzó la vista y escudriñó el claro hasta el lugar de donde partía el sendero con la esperanza de que su madre apareciera de vuelta a casa.

Tras unos instantes, vio una sombra: algo extraño, algo que no estaba allí el día anterior. Una forma oscura, no más que un bulto borroso, donde comenzaba el sendero. Annemarie aguzó la vista y trató de descifrar aquella forma, trató de comprender sin querer hacerlo.

La sombra se movió. Entonces lo supo. Era su madre, tumbada en el suelo.

13
¡Corre cuanto puedas!

Moviéndose con sigilo para no despertar a su hermana, Annemarie emprendió la carrera escaleras abajo y salió por la puerta de la cocina. Tropezó con el peldaño suelto, se tambaleó y salió disparada hacia donde se encontraba su madre.

—¡Mamá! —gritó, desesperada—. ¡Mamá!

—Ssss —siseó su madre, levantando la cabeza—. ¡Estoy bien!

—Mamá, pero ¿qué te pasa? —le preguntó Annemarie, arrodillándose junto a ella—. ¿Qué ha ocurrido?

Su madre se incorporó hasta sentarse. Contrajo el rostro con un gesto de dolor.

—Estoy bien, de verdad. No te preocupes. Y los Rosen están con Henrik. Eso es lo que importa —esbozó una sonrisa, aunque su semblante reflejaba dolor. Se mordió el labio y desapareció su sonrisa—. No tardamos mucho en llegar, aunque estaba oscuro y los Rosen, como no conocían el camino, caminaban con dificultad. Henrik nos esperaba allí, en el barco, y les hizo subir a bordo y esconderse al instante. Dijo que los demás ya se encontraban allí; Peter también condujo a su grupo sin problemas. Así que yo regresé de inmediato. Estaba deseando volver con vosotras. Debería haber tenido más cuidado —mientras hablaba, se sacudió la hierba y el polvo de las manos—. ¡Qué mala suerte! Ya casi había llegado, bueno, puede que aún estuviera a mitad de camino, cuando tropecé con la raíz de un árbol y me caí —suspiró y exclamó como si se regañara a sí misma—: ¡Qué torpe! Annemarie, creo que me he roto el tobillo. Menos mal que eso tiene arreglo. He vuelto a casa, y los Rosen están a salvo. Tendrías que haberme visto, Annemarie —continuó, agitando la cabeza, apesadumbrada—. ¡Tu madre arrastrándose centí-

metro a centímetro! ¡Seguramente parecería una borracha! —alargó el brazo para apoyarse en Annemarie—. Déjame apoyarme en ti. Creo que si me coges por este lado, podré llegar a casa. ¡Santo cielo, qué tonta soy! Ven, déjame apoyarme en tus hombros. Muy bien, eres una chica fuerte y valiente. Ahora..., lentamente. Así.

La madre de Annemarie tenía la cara pálida de dolor. Annemarie la pudo ver en la luz mortecina previa al amanecer. Cojeó hacia la casa, apoyada pesadamente en su hija y deteniéndose una y otra vez.

—Cuando entremos, tomaremos una taza de té y llamaremos al médico. Le diré que me caí en la escalera. Me tendrás que ayudar a limpiarme la hierba y las ramitas. Anda, Annemarie, descansemos un momento.

Llegaron a la casa, y su madre se sentó en los escalones de la cocina a recuperar el aliento.

Annemarie se sentó a su lado y le cogió la mano.

—Mamá, me preocupé mucho al ver que no regresabas.

Su madre asintió.

—Sabía que te preocuparías. Cuando me arrastraba hacia aquí, pensaba que estarías intranquila esperándome. Pero ya estoy contigo, a salvo. Todo va bien. ¿Qué hora es?

—Deben ser las cuatro y media, más o menos.

—Pronto se harán a la mar —su madre volvió la cabeza y miró más allá del prado, al mar y al cielo inmenso que lo cubría. Ya no quedaban estrellas, sólo se veía el cielo gris y pálido con una orla rosada—. Ellos también estarán pronto a salvo.

Annemarie se tranquilizó. Acarició la mano de su madre y le miró el tobillo hinchado y amarillento.

—Mamá, ¿qué es esto? —le preguntó de repente al tocar algo en la hierba, al pie de la escalera.

—¡Dios mío! —exclamó su madre al verlo.

Annemarie lo cogió. Entonces lo reconoció, supo lo que era: el paquete que Peter le entregó al señor Rosen.

—El señor Rosen tropezó en la escalera, ¿recuerdas? Debe habérsele caído del bolsillo. Tendremos que guardarlo y devolvérselo a Peter —Annemarie se lo dio a su madre—. ¿Sabes lo que es?

Su madre no respondió. Tenía el rostro cetrino. Miró el sendero y luego se miró el tobillo hinchado.

—Es importante, ¿verdad, mamá? Era para tío Henrik. Recuerdo que Peter dijo que era muy importante. Se lo oí decírselo al señor Rosen.

Su madre trató de ponerse en pie, pero se dejó caer en la escalera con un gemido.

—Dios mío —se lamentó de nuevo—. Puede que todo haya sido en vano.

Annemarie cogió el paquete de manos de su madre y se levantó.

—Yo lo llevaré —dijo—. Conozco el camino, y ya casi es de día. Correré como una liebre.

Su madre le habló con rapidez y voz tensa:

—Annemarie, entra en casa y coge la cesta que hay en la mesa. Deprisa, deprisa. Mete una manzana y un trozo de queso. Esconde este paquete debajo, ¿entiendes? ¡Deprisa!

Annemarie hizo al instante lo que le dijo su madre. La cesta. El paquete, debajo. Lo cubrió con una servilleta. Después un trozo de queso envuelto en papel. Una manzana. Echó un vistazo a su alrededor, vio un trozo de pan y también lo guardó. La cestita estaba llena. Se la llevó a su madre.

—Debes correr al barco. Si alguien te detiene…

—¿Quién va a detenerme?

—Annemarie, debes tener presente que esto es muy peligroso. Si te ve algún soldado, si te detienen, debes actuar como una niñita. Una niñita inocente que le lleva el almuerzo a su tío, que es pescador y lo ha olvidado en casa.

—Mamá, ¿qué hay en el fondo de la cesta?

Pero su madre no le respondió.

—Vete —le ordenó—. En seguida. ¡Y corre cuanto puedas!

Annemarie besó a su madre apresuradamente, cogió la cesta del regazo de su madre y corrió hacia el sendero.

14
En el sendero oscuro

Sólo entonces, al internarse en el sendero del bosque, advirtió Annemarie lo frío que era el amanecer. Antes, cuando los demás se repartieron los jerseys y las otras prendas de abrigo, Annemarie miró y ayudó; y les vio adentrarse silenciosamente en la noche, enfundados en gruesos abrigos y cargados de mantas.

Pero ella sólo llevaba una rebeca ligera sobre el traje de algodón. Aunque, más tarde, el sol calentaría y sería un agradable día de octubre, ahora era gris, frío y húmedo. Se estremeció. Al pasar la curva del sendero, Annemarie miró hacia atrás y ya no pudo ver el claro con la casa recortada contra el cielo pálido y el prado cada vez más iluminado. Ahora, el bosque oscuro se extendía ante ella; el sendero, cruzado por gruesas raíces ocultas bajo la alfombra de hojas, era invisible. Tanteó el camino con el pie para no caerse.

El asa de la cesta se le clavaba en el brazo a través de la manga de la rebeca. Se la cambió de brazo y trató de correr.

Recordó un cuento que le contaba a Kirsti con frecuencia para que se durmiera.

«Érase una vez una niña pequeña —dijo para sí—, que tenía una capa roja con una caperuza preciosa. Se la había hecho su madre. Como no se la quitaba nunca, todos la llamaban Caperucita Roja.»

Llegado a este punto, Kirsti siempre la interrumpía.

«¿Por qué le decían "Caperucita" y no "Capita"? —le preguntaba—. ¿Por qué no le decían "Capita Roja"?»

«Porque tenía una caperuza para cubrirse la cabeza. Tenía un pelo tan bonito como el tuyo, Kirsti. Quizá mamá te haga algún día una capa con una caperuza para que lleves la cabeza tapada y no pases frío.»

«Pero, ¿por qué? —insistía Kirsti—. ¿Por qué "Caperucita"? ¿Por qué no se quitaba nunca la caperuza?»

«Puede que sí se la quitara, pero no en esta historia. Ahora deja de interrumpirme a cada momento.»

Mientras tanteaba el camino en la oscuridad, Annemarie sonrió al recordar que Kirsti solía interrumpir los cuentos para hacer preguntas. A menudo sólo quería que el cuento durase más.

El cuento continuaba.

«Un día su madre le dijo: "Quiero que le lleves esta cesta de comida a tu abuela. Está enferma. Ven, que te voy a poner la capa."»

«La abuela vivía en lo más hondo del bosque, ¿verdad? —le preguntaba Kirsti—. En un bosque peligroso, donde vivían los lobos.»

Annemarie oyó un ruido... Una ardilla, quizá, o un conejo correteando. Se detuvo, inmóvil en el sendero, y volvió a sonreír. Kirsti se habría asustado. Se habría cogido de su mano y habría exclamado: «¡Un lobo!» Pero Annemarie sabía que aquel bosque no era como el del cuento. No había lobos, ni tigres, ni osos, ni otros animales que poblaban la poderosa imaginación de Kirsti. Se apresuró.

Sin embargo, aquel bosque sí que era umbrío. Annemarie nunca había recorrido el sendero a oscuras. Le dijo a su madre que se daría prisa. Y lo intentaba.

El sendero se bifurcaba allí. Conocía bien aquel lugar, aunque en la oscuridad parecía distinto. Si iba a la izquierda, llegaría al camino, donde habría más luz y más gente. Pero también era más peligroso. Podría verla alguien. A esa hora del amanecer, los pescadores se dirigían a sus barcos para pasar la larga jornada en el mar. Y quizá también habría soldados.

Continuó por la derecha y se internó aún más en el bosque. Por eso su madre y Peter tuvieron que guiar a los Rosen y a los demás. Si se hubiesen equivocado de camino habrían corrido peligro.

«Así que Caperucita Roja cogió la cesta de la comida y corrió por el bosque. Era una mañana estupenda, y los pájaros cantaban. Mientras caminaba, Caperucita Roja también cantaba.»

A veces, cuando le contaba el cuento a Kirsti, cambiaba aquella parte. Unas veces llovía en el bosque, o incluso nevaba. Otras era al atardecer, con sombras largas y siniestras, para

que Kirsti se apretujara contra ella y la abraza-
ra. Pero ahora, al contárselo a sí misma, deseaba que brillase el sol y cantasen los pájaros.

En aquel punto, el sendero se ensanchaba y
allanaba: era el lugar donde el bosque se abría
a un lado y el sendero trazaba una curva en la
linde del prado, cerca del mar. Allí podía correr y lo hizo. Allí, de día, pacían las vacas, y
las tardes de verano Annemarie solía detenerse junto a la cerca y arrancar puñados de hierba que las vacas atrevidas le arrebataban con la
lengua áspera.

Su madre le había dicho que ella también se
detenía allí cuando iba al colegio. Su perro,
Trofast, pasaba por debajo de la cerca y corre-
teaba por el prado, ladrando desaforadamente
a las vacas, que siempre lo ignoraban.

El prado estaba solitario y parecía gris a la
media luz del amanecer. Annemarie oía el ru-
mor del mar y veía el resplandor de la aurora al
Este, sobre Suecia. Corrió cuanto pudo con la
vista fija en el lugar donde el sendero se inter-
naba una vez más en el bosque en dirección al
pueblo.

Por fin. Los arbustos estaban crecidos y le
costó trabajo dar con el sendero. Al final descubrió la entrada junto a los arándanos. ¡La de

veces que se había detenido allí, a finales de verano, a coger un puñado de dulces bayas! Después se le teñían las manos y la boca de azul; su madre siempre se reía cuando volvía a casa.

Los árboles y los arbustos se cernieron sobre ella y la falta de luz le obligó a ir más despacio, aunque intentó correr.

Annemarie pensó en su madre: el tobillo hinchado, el dolor reflejado en el rostro. Deseaba que hubiese llamado ya al médico. El médico del pueblo era un anciano brusco y distante, pero con ojos francos. En los veranos que pasaron allí, había ido a la granja varias veces en un coche que traqueteaba por el camino de polvo; fue una vez cuando a Kirsti, que entonces era un bebé, le dolió el oído y se pasó la noche llorando. Y fue otra vez que Lise, al preparar el desayuno, se quemó la mano con aceite hirviendo.

Annemarie volvió a desviarse cuando el sendero se bifurcó de nuevo. El camino de la izquierda la llevaría directamente al pueblo; era el camino por el que fueron a la granja cuando salieron de la estación, el camino que su madre recorría todos los días para ir al colegio. Pero Annemarie continuó por el sendero de la derecha, que conducía al puerto, donde atracaban los barcos de pesca. También había recorrido a menudo aquel tramo del sendero, a veces al atardecer, cuando arribaba a puerto el *Ingeborg,* la barca de tío Henrik, a ver cómo descargaban la captura del día, compuesta de arenques brillantes y escurridizos que aún coleaban en las cajas.

Incluso entonces, cuando los barcos estaban vacíos, anclados en el puerto, y los pescadores se preparaban para una nueva jornada de pesca, se podía percibir el olor salado y penetrante de los arenques que siempre flotaba sobre el puerto.

Ya no estaba lejos, y comenzaba a clarear. Corrió casi tan rápido como había corrido en el colegio, en las carreras de los viernes; casi tan rápido como por las calles de Copenhague el día que el soldado la detuvo a la voz de alto.

Annemarie siguió contando la historia para sí.

«De repente, cuando Caperucita Roja caminaba por el bosque, oyó un ruido. Los arbustos se agitaron.»

«¡El lobo! —exclamaba Kirsti siempre, estremeciéndose de puro terror—. ¡Sé que va a ser el lobo!»

Annemarie solía alargar aquella parte para

extremar el suspense y atormentar a su hermana.

«No sabía lo que era. Se detuvo y aguzó el oído. Algo la seguía, tras los arbustos. Caperucita Roja estaba muy, muy asustada.»

Se quedaba en silencio un momento y notaba que Kirsti, a su lado, contenía la respiración.

«Entonces oyó un gruñido —proseguía Annemarie con una voz pausada y llena de temor.»

De repente, Annemarie se detuvo y permaneció inmóvil. El sendero giraba frente a ella. Sabía que tras aquella curva se encontraría frente al mar. El bosque quedaría a sus espaldas y delante vería el puerto, los muelles y las incontables barcas. Pronto se oirían toda clase de ruidos: los motores de las barcas, los pescadores llamándose unos a otros y los graznidos de las gaviotas.

Pero Annemarie oyó otra cosa. Oyó el roce de las ramas de los arbustos. Oyó pasos. Y, convencida de que no era su imaginación, oyó un gruñido.

Avanzó con cautela. Se aproximó a la curva del sendero. Los ruidos continuaron.

Entonces los vio, frente ella. Cuatro soldados armados. Llevaban dos perros enormes, de ojos chispeantes y hocico amenazador.

15
¡Los perros olfatean carne!

Los pensamientos se le agolparon en la cabeza. Annemarie recordó lo que le había dicho su madre: «Si te detienen, debes actuar como una niñita inocente.»

Miró a los soldados. Recordó cómo había mirado a los otros, asustada, cuando la detuvieron en la calle.

Kirsti no se asustó. Kirsti sólo era..., eso, una niñita inocente, enfadada porque el soldado le tocó el pelo. No sabía lo peligroso que podía ser, y al soldado le hizo gracia.

Annemarie puso todo su empeño en comportarse como lo habría hecho Kirsti.

—Buenos días —les dijo con cautela.

La miraron de arriba abajo en silencio. Los dos perros estaban inquietos y alerta. Los soldados que sujetaban las correas llevaban unos guantes gruesos.

—¿Qué haces aquí? —le preguntó uno de ellos.

Annemarie le mostró la cesta, con el trozo de pan bien visible.

—Le llevo el almuerzo a mi tío Henrik. Lo ha olvidado. Es pescador.

Los soldados miraban por encima de Annemarie y escudriñaban los arbustos de los alrededores.

—¿Vienes sola? —le preguntó otro.

Annemarie asintió.

—Sí.

Uno de los perros gruñó. Annemarie observó que los dos miraban la cesta del almuerzo.

El oficial se adelantó. El otro soldado y los dos que sujetaban a los perros permanecieron donde estaban.

—¿Has venido antes de que amanezca sólo para llevarle el almuerzo? ¿Y por qué no come pescado?

¿Qué le respondería Kirsti? Annemarie soltó una risita, como haría su hermana.

—A tío Henrik no le gusta el pescado —contestó, riéndose—. Dice que se pasa el día viéndolo y oliéndolo. Además, ¡no se lo va a comer crudo! —puso cara de asco—. Bueno, puede que se lo comiese si estuviera muriéndose de hambre. Tío Henrik siempre almuerza pan con queso.

«Sigue charlando —se dijo—, como haría Kirsti, como una niña inocente.»

—A mí sí me gusta el pescado —prosiguió—. Me encanta como lo prepara mi madre. A veces lo reboza con pan rallado y...

El oficial alargó el brazo y sacó el pan crujiente de la cesta. Lo examinó meticulosamente. Después lo partió en dos.

Annemarie sabía que aquello enfurecería a Kirsti.

—¡No! —exclamó, enfadada—. ¡Es el pan de tío Henrik! ¡Lo ha hecho mi madre!

El oficial la ignoró. Arrojó los dos trozos al suelo, uno frente a cada perro. Los perros se abalanzaron sobre ellos y los engulleron sin masticarlos, de modo que desaparecieron en un instante.

—¿Has visto a alguien en el bosque? —le preguntó el oficial.

—No. Sólo a ustedes —Annemarie lo miró—. ¿Qué hacen en el bosque? Voy a llegar tarde. Tío Henrik se hará a la mar antes de que yo llegue con el almuerzo…, o con lo que quede de él.

El oficial sacó el trozo de queso, le dio vueltas en las manos. Se volvió a los otros tres soldados y les preguntó algo en su lengua.

Uno de ellos respondió *Nein* en un tono aburrido. Annemarie reconoció la palabra. El hombre había contestado «no». Annemarie pensó que quizá les habría preguntado si querían el queso o si se lo daba a los perros.

El oficial se pasaba el queso de una mano a otra.

Annemarie lanzó un suspiro de desesperación.

—¿Puedo marcharme ya, por favor? —preguntó con impaciencia.

El oficial sacó la manzana. Notó las manchas marrones y puso cara de asco.

—¿No llevas carne? —le preguntó, al ver la servilleta en el fondo de la cesta.

Annemarie le dirigió una mirada fulminante.

—Sabe que no tenemos carne —le respondió, insolente—. Su ejército se come toda la carne de Dinamarca.

«Por favor, por favor —imploraba en silencio—. Que no levante la servilleta.»

El oficial se rió. Lanzó la manzana podrida al suelo. Uno de los perros se adelantó tirando de la correa, olfateó la manzana y retrocedió. Pero ninguno de los dos apartaba la vista de la cesta, con las orejas erguidas y la boca abierta. La saliva brillaba en sus encías suaves y rosadas.

—Los perros olfatean carne —dijo el oficial.

—Olfatean las ardillas del bosque —respondió Annemarie—. Debería llevarlos a cazar.

El oficial se adelantó con el trozo de queso en la mano, como si fuera a dejarlo en la cesta. Pero no lo hizo. Por el contrario, sacó la servilleta floreada.

Annemarie se quedó de piedra.

—Tu tío come muy poco —comentó el oficial con ironía al envolver el trozo de queso en la servilleta—. Como una mujer —añadió con desprecio. Entonces clavó la mirada en la cesta. Le entregó el queso y la servilleta al soldado que estaba a su lado—. ¿Qué es eso? ¿Qué llevas ahí, en el fondo? —le preguntó con una voz diferente, más tensa.

¿Qué haría Kirsti? Annemarie pataleó. De repente, sorprendiéndose a sí misma, rompió a llorar.

—¡No sé! —gimió con voz ahogada—. Mi madre se enfadará con usted por detenerme y hacerme llegar tarde. ¡Además, ha dejado sin comida a tío Henrik, y él se enfadará conmigo!

Los perros se retorcían, tiraban de las correas y extendían el cuello hacia la cesta. Un soldado murmuró algo en alemán.

—¿Por qué lo llevabas tan bien escondido? —le interrogó el oficial al sacar el paquete.

Annemarie se enjugó las lágrimas con la manga de la rebeca.

—Estaba con la servilleta. No sé lo que es.

Aquello era cierto. No tenía ni idea de lo que contenía el paquete.

El oficial rompió el papel que lo envolvía mientras, a su lado, los perros se debatían y tiraban de las correas. Se les notaban los músculos bajo el lustroso pelo corto.

Observó el paquete y después miró a Annemarie.

—Deja de llorar, niña idiota —le ordenó con aspereza—. Tu madre es una estúpida: le manda a tu tío un pañuelo. En Alemania las mujeres tienen mejores cosas que hacer. No se quedan en casa bordando pañuelos para los hombres —agitó el pañuelo doblado y lanzó una carcajada mordaz—. Al menos no le ha bordado unas flores.

Lo arrojó al suelo, aún medio envuelto en el papel, junto a la manzana. Los perros se abalanzaron sobre él, lo olfatearon y retrocedieron, decepcionados.

—Vete —le ordenó el oficial. Dejó el queso y la servilleta en la cesta—. Ve con tu tío y dile que a los perros alemanes les ha gustado el pan.

Al pasar junto a ella, los soldados la empujaron a un lado. Uno de ellos se rió, e intercambiaron unas palabras en su lengua. Un momento después desaparecieron sendero abajo, en la dirección por la que había venido Annemarie.

Rápidamente, cogió la manzana y el paquete medio abierto del pañuelo blanco. Los puso en la cesta y corrió hacia el puerto, donde ya brillaba el sol de la mañana y zumbaban los motores de algunos barcos.

El *Ingeborg* seguía allí, junto al muelle, y tío Henrik también estaba allí, arrodillado entre las redes, el cabello rubio resplandeciendo al viento. Annemarie lo llamó, y él se acercó con una expresión preocupada al verla en el muelle.

Annemarie le entregó la cesta.

—Mamá te envía el almuerzo —le dijo con voz temblorosa—, pero los soldados me detuvieron y me quitaron el pan —no se atrevió a decirle más.

Tío Henrik echó un rápido vistazo al interior de la cesta. Annemarie vio la expresión de alivio en su rostro y supo que era porque el paquete, aunque abierto, estaba allí.

—Gracias —le dijo con un claro tono de alivio.

Annemarie observó el pequeño barco. Vio la estrecha pasarela que conducía a la cabina vacía. No había señales de los Rosen ni de los demás. Tío Henrik advirtió su mirada de desconcierto.

—Todo va bien —aseguró en voz baja—. No te preocupes. Todo va bien. Antes no estaba seguro —confesó—, pero ahora —miró la cesta que tenía en las manos—, gracias a ti, Annemarie, todo va bien. Anda, corre a casa y dile a tu madre que no se preocupe. Os veré esta noche —de repente sonrió—. ¿Conque se comieron el pan, eh? Espero que se atragantaran.

16
Te contaré algo más

—¡Pobre *Bonita!* —se compadeció tío Henrik riéndose, después de cenar aquella noche—. Ya le resultaría un martirio que la ordeñase tu madre, después de vivir tantos años en la ciudad. ¡Pero Annemarie! ¡Hacerlo por primera vez! ¡Me sorprende que no te propinase una coz!

Su madre también se rió. Se acomodó en el sillón de la sala, que tío Henrik había llevado a la cocina. Tenía la pierna sobre un taburete, el tobillo envuelto en una escayola blanca.

A Annemarie no le importó que se rieran.

Fue gracioso. Regresó a la granja corriendo por el camino para no toparse con los soldados, que aún podían seguir en el bosque; entonces, como no llevaba nada, no corría peligro. Pero al llegar, su madre y Kirsti se habían marchado. Su madre le había dejado una nota, escrita apresuradamente, diciéndole que el médico la había llevado en su coche al hospital local y que volverían pronto.

Pero el ruido que hacía *Bonita* en el establo, olvidada, sin ordeñar, incómoda, obligó a Annemarie a salir resignada con el cubo de leche. Ordeñó a *Bonita* como pudo, tratando de ignorar sus mugidos de irritación y las sacudidas de su cabeza, y de recordar el modo en que tío Henrik la ordeñaba con movimientos firmes y rítmicos. Y lo consiguió.

—Yo podía haberlo hecho —anunció Kirsti—. Sólo hay que apretar y sale la leche. Es fácil.

Annemarie levantó los ojos al cielo. «Ya me gustaría verte», pensó.

—¿No va a volver Ellen? —preguntó Kirsti, olvidándose por un momento de la vaca—. Me dijo que le haría un traje a la muñeca.

—Annemarie y yo te ayudaremos a hacérselo —le aseguró su madre—. Ellen tuvo que irse con sus padres. ¿No fue una sorpresa estupenda que los Rosen vinieran anoche a por ella?

—Tendría que haberme despertado para despedirse de mí —gruñó Kirsti, llevando una cucharada imaginaria a la boca de la muñeca que tenía sentada en una silla a su lado.

—Annemarie —dijo tío Henrik, levantándose de la mesa y apartando la silla—, si vienes al establo ahora te enseñaré cómo se ordeña una vaca. Lávate las manos primero.

—Yo también voy —anunció Kirsti.

—No, tú no —le ordenó su madre—. Ahora no. Tienes que ayudarme, porque no puedo andar bien. Tú serás mi enfermera.

Kirsti vaciló y se preguntó si merecía la pena discutir.

—Cuando sea mayor, seré enfermera y no granjera. Así que me quedaré aquí a cuidar a mamá.

Seguida como casi siempre por el gato, Annemarie salió con tío Henrik al establo bajo la fina lluvia que había comenzado a caer. Le pareció que *Bonita* asentía con la cabeza al ver a tío Henrik, contenta de estar de nuevo en buenas manos.

Annemarie se sentó en una bala de paja y

observó a tío Henrik ordeñar a *Bonita*. Pero no se fijaba en cómo lo hacía.

—Tío Henrik, ¿dónde están los Rosen y los demás? —le preguntó—. Creí que les llevarías a Suecia en el barco. Pero no estaban allí.

—Sí estaban —le aseguró, inclinándose contra el ancho flanco de la vaca—. No deberías saber esto. Recuerda que te dije que era más seguro no saberlo. Pero te contaré algo más —prosiguió sin alterar el movimiento seguro y experimentado de sus manos—, porque has sido muy valiente.

—¿Valiente? —le preguntó Annemarie, sorprendida—. ¡No! Pasé mucho miedo.

—Arriesgaste la vida.

—¡No pensaba en eso! Sólo pensaba que…

—Eso es la valentía —le interrumpió, sonriendo—, no pensar en el peligro. Pensar sólo en lo que se debe hacer. Claro que pasaste miedo. Yo también me asusté hoy. Pero seguiste pensando en lo que debías hacer, como yo. Ahora te contaré algo de los Rosen. Muchos pescadores han construido escondrijos en los barcos. Yo también. Bajo la cubierta. Sólo tuve que levantar las tablas en el sitio adecuado para hacer un escondrijo donde ocultar a varias personas. Peter y sus compañeros de la

Resistencia nos los traen a mí y a los demás pescadores. Hay personas que les ayudan a esconderse y a llegar a Gilleleje.

Annemarie se sobresaltó.

—¿Peter es de la Resistencia? ¡Claro! ¡Debía haberlo sabido! Les lleva a papá y a mamá el periódico clandestino, *De Frei Danske*. Y siempre va de un lado para otro. ¡Debí suponerlo yo sola!

—Es un joven muy valiente —dijo tío Henrik—. Todos lo son.

Annemarie frunció el ceño al recordar el barco vacío aquella mañana.

—Entonces, ¿dónde estaban los Rosen y los demás cuando te llevé la cesta? ¿Bajo la cubierta?

Tío Henrik asintió.

—No oí nada —comentó Annemarie.

—Claro que no. Tuvieron que pasar varias horas sin moverse ni pronunciar palabra. El bebé fue drogado para que no se despertara y llorase.

—¿Me oyeron cuando hablé contigo?

—Sí. Tu amiga Ellen me dijo después que te oyeron. Y también oyeron a los soldados que vinieron luego a registrar el barco.

Annemarie puso cara de asombro.

—¿Fueron los soldados? —preguntó—. Me pareció que se marcharon por el lado contrario cuando me los encontré en el bosque.

—En Gilleleje hay muchos soldados que patrullan por la costa. Ahora registran las barcos. Saben que los judíos se escapan, pero no saben cómo lo hacen y apenas si sorprenden a unos pocos. Los escondites están muy bien camuflados, a menudo hasta amontonamos el pescado encima para ocultar la entrada. ¡No les gusta mancharse las botas lustrosas!

Volvió la cabeza y sonrió.

Annemarie recordó las brillantes botas acercándose por el sendero umbrío.

—Tío Henrik, tienes razón —confesó—, ahora comprendo que es mejor no saberlo todo. Pero, por favor, ¿no me vas a contar lo del pañuelo? Sabía que el paquete era importante y por eso crucé el bosque corriendo para llevártelo. Pero pensaba que sería un mapa. ¿Qué importancia puede tener un pañuelo?

Tío Henrik apartó a un lado el cubo lleno de leche y se dispuso a lavarle la ubre a la vaca con un trapo húmedo.

—Esto lo saben muy pocas personas, Annemarie —le dijo con una mirada seria—. Como a los soldados les molesta tanto que los judíos se escapen sin que ellos puedan hacer nada para detenerlos, están comenzando a emplear perros adiestrados.

—¡Los que me detuvieron en el sendero llevaban perros!

Tío Henrik asintió.

—Los perros están adiestrados para olfatear y localizar a las personas. Ayer mismo ocurrió en dos barcos. Aquellos malditos perros olfatearon a las personas a pesar del olor a pescado. Todos estábamos muy preocupados. Creíamos que era el final de las huidas a Suecia en barco. Fue Peter quien consultó el problema con los mejores científicos y médicos, que trabajaron día y noche para hallar una solución. Y crearon una sustancia especial. No sé lo que es. Pero estaba en el pañuelo. Atrae a los perros y, cuando la huelen, los deja sin sentido del olfato. ¡Imagínatelo!

Annemarie recordó que los perros se acercaron al pañuelo, lo olfatearon y se dieron la vuelta.

—Ahora, gracias a Peter, todos los marineros tendremos un pañuelo como ese. Cuando los soldados vengan a registrar las barcas, no tendremos más que sacar el pañuelo del bolsillo. ¡Los alemanes creerán que nos hemos resfriado todos! Los perros olfatearán el pañuelo que hemos sacado y recorrerán el barco en vano. No olerán nada.

—¿Llevaron perros al barco esta mañana?

—Sí. No transcurrieron ni veinte minutos desde que te marchaste. Estaba a punto de hacerme a la mar cuando aparecieron los soldados y me ordenaron que me detuviera. Subieron a bordo, registraron todo y no descubrieron nada. Entonces yo ya tenía el pañuelo, claro. Si no lo hubiera tenido, en fin... —su voz se apagó, y dejó la frase sin terminar. No necesitaba hacerlo.

Si ella no hubiera encontrado el paquete que se le cayó al señor Rosen. Si no hubiera corrido por el bosque. Si los soldados se hubiesen quedado con la cesta. Si no hubiera llegado a la barca a tiempo. Annemarie sintió que todos aquellos síes le daban vueltas en la cabeza.

—¿Se encuentran a salvo en Suecia? —le preguntó—. ¿Estás seguro?

Tío Henrik se puso en pie y acarició la cabeza de *Bonita*.

—Les dejé en la costa. Había gente esperándolos para acogerlos. Ya están a salvo.

—Pero, ¿y si los nazis invaden Suecia? ¿Tendrán los Rosen que escapar de nuevo?

—Eso no ocurrirá. A los nazis les interesa que Suecia siga siendo libre. Es muy complicado.

Annemarie pensó en sus amigos, escondidos bajo la cubierta del *Ingeborg*.

—Debe haber sido horrible para ellos estar metidos allí tantas horas —murmuró—. ¿Estaba oscuro el escondite?

—Oscuro, frío y atestado. Y la señora Rosen se mareó, aunque la travesía no duró mucho. Como sabes, es un viaje corto. Pero eran personas valerosas. Y nada de aquello les importó cuando desembarcaron. Soplaba el viento, y el aire en Suecia es frío y limpio. Cuando me despedí de ellos, el bebé comenzaba a despertarse.

—Me pregunto si veré a Ellen de nuevo —se lamentó Annemarie.

—Claro que sí, pequeña. Después de todo, le salvaste la vida. Algún día volverás a verla. Esta guerra, como todas las guerras, también acabará algún día. Bueno —dijo, estirándose—, ¿qué te ha parecido la lección?

—¡Tío Henrik! —gritó Annemarie, lanzando una carcajada—. ¡Mira! ¡El dios del trueno se ha caído en el cubo de leche!

17
Todo este tiempo

Tío Henrik dijo que la guerra acabaría, y tenía razón. La guerra terminó dos largos años después. Cuando Annemarie tenía doce años.

Aquella tarde de mayo las campanas repicaron en toda Dinamarca. La bandera danesa fue izada por todas partes. La gente se echó a las calles y lloró al tiempo que cantaba el himno de Dinamarca.

Annemarie salió al balcón con sus padres y su hermana. Arriba y abajo de la calle, en la misma acera de su casa y en la acera de enfrente, vio banderas y estandartes en todas las ventanas. Sabía que muchos de aquellos pisos estaban vacíos. Hacía ya casi dos años que los vecinos de los judíos que tuvieron que marcharse se encargaban de cuidarles las plantas, limpiar el polvo de los muebles y sacar brillo a los candelabros. Su madre cuidó la casa de los Rosen.

«Para eso están los amigos», decía su madre.

Ese día, los vecinos entraron en aquellos pisos deshabitados, abrieron las ventanas y engalanaron los balcones con símbolos de libertad.

Aquella noche, la señora Johansen lloró. Kirsti, con la mirada chispeante, cantaba y ondeaba una banderita. Incluso Kirsti crecía; ya no era la niña charlatana de antes. Ahora era más alta y más seria, y estaba más delgada. Se parecía a las fotografías de Lise cuando ésta tenía siete años.

Peter Neilsen había muerto. Era triste recordarlo aquel día tan feliz para Dinamarca. Pero Annemarie se esforzó en pensar en aquel chico pelirrojo que se portó con ella como un hermano, y en lo triste que fue el día que recibieron la noticia de que los alemanes le habían capturado y ejecutado en público en Ryvangen, Copenhague.

Peter les escribió una carta desde la cárcel la noche antes de que le fusilaran. Sólo decía que les quería, que no tenía miedo y que estaba orgulloso de haber hecho lo que pudo por su país y para que las personas fueran libres. En la carta, les pidió que lo enterrasen junto a Lise.

Pero no pudieron cumplir su deseo, porque los alemanes se negaban a entregar los cuerpos de los jóvenes que eran fusilados en Ryvangen. Se limitaban a sepultarlos en tumbas numeradas en el mismo lugar donde los fusilaban.

Después, Annemarie fue a aquel lugar con sus padres y dejaron las flores que llevaban en el suelo frío y numerado. Aquella noche, sus padres le contaron la verdad de la muerte de Lise al empezar la guerra.

—Lise también era de la Resistencia —le explicó su padre—. Pertenecía al grupo que combatió por nuestro país.

—Nosotros no lo sabíamos —añadió su madre—. No nos lo dijo. Nos lo contó Peter cuando ella murió.

—¡Oh, papá! —exclamó Annemarie—. ¡Mamá! ¿No fusilaron a Lise como a Peter, con gente mirando, verdad?

Quería saberlo, quería saberlo todo, aunque no estaba segura de poder asimilarlo.

Pero su padre negó con la cabeza.

—Estaba con Peter y los demás en un sótano donde se reunían en secreto para hacer planes. Los nazis se enteraron y les tendieron una emboscada aquella noche. Para tratar de escapar, cada uno corrió por su lado.

—Mataron a varios —continuó su madre con pesar—. A Peter lo hirieron en el brazo. ¿Recuerdas que llevaba el brazo en cabestrillo en el funeral de Lise? Se puso un abrigo para que nadie lo viera. Y un sombrero, para ocultar su cabello pelirrojo.

Annemarie no lo recordaba. No lo había advertido. La tristeza emborronó el recuerdo de aquel día.

—¿Qué le pasó a Lise? —preguntó—. Si no le dispararon, ¿qué ocurrió?

—La vieron correr desde el camión y la atropellaron.

—Así que era verdad lo que me dijiste, que la atropellaron.

—Sí, era verdad —confirmó su padre.

—¡Eran tan jóvenes! —se lamentó su madre, agitando la cabeza. Le brillaron los ojos, los cerró un instante y exhaló un largo suspiro—. Tan jóvenes. Tan ilusionados.

Ahora, mientras pensaba en Lise, miró a la

calle desde el balcón. Vio que abajo, entre la música, las canciones y el repicar de campanas, la gente bailaba. Eso le trajo otro recuerdo, un recuerdo muy lejano: Lise, con el vestido amarillo, bailando con Peter la noche que anunciaron su compromiso.

Entró en la sala y fue al dormitorio, donde el baúl azul aún seguía en el rincón que ocupó todos aquellos años. Al abrirlo, Annemarie descubrió que el vestido había comenzado a perder color; el borde de los pliegues estaba descolorido por haber permanecido tanto tiempo doblados.

Extendió la falda con cuidado y buscó en el bolsillo donde escondió el collar de Ellen. La pequeña estrella de David no había perdido el brillo.

—¿Papá? —le dijo al regresar al balcón, donde su familia seguía contemplando a la multitud regocijada. Abrió la palma de la mano y le mostró el collar—. ¿Puedes arreglarlo? Lo he guardado todo este tiempo. Era de Ellen.

Su padre lo cogió y examinó el broche roto.

—Sí —aseguró—. Puedo arreglarlo. Cuando los Rosen vuelvan a casa, dáselo a Ellen.

—Hasta entonces lo llevaré yo —le dijo Annemarie.

Epílogo

Sé que los lectores preguntarán qué tiene de cierto la historia de Annemarie. Intentaré explicar dónde terminan los hechos y dónde comienza la ficción.

Annemarie Johansen es una chica de mi invención, nacida de las historias que me contó mi amiga Annelise Platt, a quien dedico este libro. Ella vivió en Copenhague y sufrió de niña los largos años de la ocupación alemana.

No sólo me fascinaron y conmovieron las historias que Annelise me contó de las privaciones que sufrieron su familia y sus vecinos aquellos años, y de los sacrificios que hicieron, sino más aún la descripción del coraje y la integridad de los daneses bajo el mandato de Christian X, el rey a quien tanto apreciaban.

Por eso creé a la pequeña Annemarie y a su familia, les hice vivir en un piso de Copenhague, en una calle por la que yo misma paseé, e *imaginé la vida que llevaron durante los hechos reales de 1943.*

Dinamarca se rindió a Alemania en 1940, es cierto; y fue por los motivos que le explicó el señor Johansen a su hija: el país era pequeño y no podía defenderse, pues no tenía Ejército. Si sus habitantes hubieran intentado defenderse del poderoso ejército alemán, habrían sido exterminados. Por eso, sin duda con gran pesar, el rey Christian se rindió, y los soldados alemanes invadieron el país de la noche a la mañana. Lo ocuparon durante cinco años. Presentes en casi todas las esquinas, siempre armados y disciplinados, controlaron los periódicos, los ferrocarriles, el gobierno, los colegios, los hospitales y la existencia diaria de los daneses.

Pero jamás controlaron al rey Christian. Es cierto que todas las mañanas salía a pasear a caballo, sin escolta, y saludaba a la gente; la historia que le contó el señor Johansen a su hija, la del soldado que le preguntó al joven danés «¿Quién es ese hombre?»…, aunque sea tan llamativa que parece inventada por la autora, quedó registrada en uno de los documentos que se conservan de aquella época.

También es cierto que en agosto de 1943 los daneses hundieron su flota en el puerto de Co-

penhague cuando los alemanes trataron de apoderarse de ella. Mi amiga Annelise lo recuerda, y a muchos de los niños de entonces los despertarían, como a Kirsti, las explosiones y el intenso resplandor que iluminó el cielo al arder las naves.

El día de Año Nuevo judío de 1943, quienes fueron a celebrarlo a la sinagoga en Copenhague, como hicieron los Rosen en la historia, supieron por el rabino que los alemanes pensaban detenerlos para «reasentarlos».

El rabino lo supo porque un oficial alemán de alta graduación se lo comunicó al gobierno, que a su vez transmitió la información a los dirigentes de la comunidad judía. Aquel alemán se llamaba G. F. Duckwitz, y espero que incluso hoy, tantos años después, sigan llevando flores a su tumba, porque fue un hombre compasivo y valeroso.

Así, casi todos los judíos, excepto los pocos que no hicieron caso de la advertencia, escaparon a las primeras redadas. Escaparon gracias a los daneses, que les acogieron, mantuvieron, ocultaron y ayudaron a llegar sanos y salvos a Suecia.

En las semanas que siguieron al Año Nuevo judío, casi toda la población judía de Dinamar-

ca, casi siete mil personas, logró escapar por mar a Suecia.

¿Y el pañuelo bordado que Annemarie le llevó a su tío? ¿No se lo inventaría la autora para hacer de la chica una heroína?

Pues no. El pañuelo también es real. Cuando los nazis comenzaron a emplear perros adiestrados para descubrir a los pasajeros ocultos en las barcas de pesca, los científicos suecos trabajaron para evitar aquellas detenciones. Crearon una potente sustancia compuesta de sangre de conejo seca y cocaína; la sangre atraía a los perros y, al olfatearla, la cocaína les insensibilizaba el hocico y les inutilizaba, temporalmente, el sentido del olfato. Casi todos los patrones tenían un pañuelo empapado de aquella sustancia, que sirvió para salvar muchas vidas.

Las operaciones secretas que salvaron a los judíos fueron organizadas por la Resistencia danesa, compuesta en su mayor parte, como todos los movimientos de Resistencia, por jóvenes valerosos e idealistas, muchos de los cuales murieron a manos del enemigo.

Al investigar sobre los líderes de la Resistencia danesa hallé el testimonio de un joven llamado Kim Malthe-Bruun, quien acabó siendo capturado y ejecutado por los nazis cuando sólo contaba veintiún años. Hojeé su historia como la de muchos otros: pasaba las páginas y leía aquí y allá: este sabotaje, aquel plan, esa captura, aquella fuga. Después de todo, hasta el coraje acaba siendo rutinario para el lector.

Entonces, de improviso, pasé una página y me encontré con la fotografía de Kim Malthe-Bruun. Llevaba un jersey de cuello alto y tenía el cabello rubio, abundante y revuelto. Sus ojos me miraban fijamente desde la página.

Al verlo, tan joven, me invadió la tristeza. Pero al observar la serena decisión de sus ojos infantiles, me decidí a contar su historia y la de todos los daneses que compartieron sus sueños.

Por eso, me gustaría terminar con un pasaje escrito por aquel joven y extraído de una carta que le escribió a su madre la noche antes de ser fusilado.

«... y recordad: no añoréis la época de antes de la guerra; todos, jóvenes y viejos, debéis soñar con el ideal de la bondad humana y no con la intolerancia y los prejuicios. Ése es el gran ideal que persigue nuestro país, algo que admire hasta el campesino más sencillo y le haga sentir con orgullo que es obra suya..., que es algo por lo que merece la pena trabajar y luchar...».

Sin duda, todos los países aún anhelan ese ideal, el ideal de un mundo digno del ser humano. Espero que esta historia de Dinamarca y de sus gentes nos recuerde a todos que dicho mundo es posible.

ÍNDICE

1. ¿Por qué corres? 9
2. ¿Quién es ese hombre? 22
3. ¿Dónde está la señora Hirsch? 31
4. Una noche muy larga 43
5. ¿Quién es la del pelo castaño? 57
6. ¿Hace buen tiempo para pescar? . . 71
7. La casa junto al mar 82
8. Ha muerto alguien 91
9. ¿Por qué mentís? 100
10. Abramos el ataúd 110
11. ¿Te veremos pronto, Peter? 119
12. ¿Dónde está mamá? 128
13. ¡Corre cuanto puedas! 135
14. En el sendero oscuro 142
15. ¡Los perros olfatean carne! 150
16. Te contaré algo más 159
17. Todo este tiempo 168
Epílogo 174